電視暴力研究——
理論與現象之解讀

潘玲娟◆著

序言

在我們生活週遭常發生一些被認為與電影、電視暴力有關的重大社會事件,而當這類事件發生時,人們除了悲痛、恐懼之外,總是想到一個問題——媒體,尤其是影像媒體,是否產生負面影響而導致發生這些事件?大眾和學者,也總是在事件後,開始關注影像媒體的暴力內容問題。

然而,對於發生這些事件,究竟,媒體真有責任?還是如相關業者所言,媒體只是代罪羔羊?這似乎是學者、媒體業者以及大眾等,多方各有說詞、又都言之有理的情況,因而,有關此議題的爭論不斷。

其實,不僅爭議不斷,電視暴力還是個存在已久且持續惡化的問題。從電視於 1939 年問世以來,電視暴力問題就已存在,然而,至今它不僅依然存在,甚至仍然無解;而更值得重視的是,電視暴力是深深影響著個人甚至整個社會的嚴重問題,而且,問題的嚴重程度還在日益惡化中。

因此,期盼透過對電視暴力相關研究的深入探討,有助於瞭解此議題,並進而思索解決之道。

本書共分為九章。第一章為緒論;第二章討論電視暴力研究的發展歷程,包括:電視暴力研究的源起和歷史、電視暴力研究取向以及電視暴力研究面向之更迭等;第三章則詳述電視暴力的相關理論,並比較、分析這些理論在某些觀點和闡釋上的異同。

　　第四章和第五章探討電視暴力研究的主軸——電視暴力與攻擊行為的關連。第四章呈現支持兩者之關連的文獻以及採用不同研究方法的研究成果；而第五章則說明，電視暴力引發閱聽人產生攻擊行為的機制和過程，並闡述影響電視暴力與攻擊行為之關連的外在情境因素和內在個人特質等，進而討論電視暴力與攻擊行為之關連的爭議。

　　第六章探討除了攻擊行為效果外，電視暴力的其它負面效果，主要為：對暴力產生減敏感度、產生成為暴力受害人的恐懼以及對暴力的胃口加大，並且，說明暴力內容得以產生上述的負面效果的一些心理機制，如：模仿、解禁、減敏感以及情緒激發等。

　　第七章主要闡述媒體暴力的陳述特質，並且說明，其如何影響接觸媒體暴力的三種主要負面效果——學習暴力行為、對暴力產生恐懼感以及對暴力產生減敏感度。

　　第八章指出，現今傳播環境中所呈現的嚴重的媒體暴力問題，如暴力內容過度氾濫而且品質惡化，以及媒體暴力經常和娛樂連結在一起等。因此，第九章強調媒體教育的重要性，期盼透過媒體教育，培育高媒介素養的閱聽人，作為解決當前媒體暴力問題之道。

　　這本小小的著作，歷經數個寒暑，如今終於完成，真是如釋重負。而之所以會花費這麼多的時間才寫好此書，最主要的原因是，在忙於教書之餘，還要照顧兩個小孩，而且，還有許多家務、瑣事纏身，原本可以用來寫作的時間已經少得可憐，且受限於文窮筆拙，甚至，在最後的潤稿階段，又耗費了數月之久，也因此更是曠日費時，才得以完成此書。

　　感謝在這漫長的寫作過程中，不斷指導我和鼓勵我的師長、同事以及朋友，他們的指導和鼓勵是我得以繼續寫作的動力，也感謝一直支持我和體諒我的家人，他們的支持和體諒是我幾度灰心喪志時的慰藉；沒有他們，我絕對無法完成此書。

　　最後，雖力求完美，但個人才疏學淺，本書尚有許多疏漏之處，尚祈學界前輩和讀者不吝指正。

潘玲娟　謹識

2005 年 4 月

目錄

圖表目錄

第一章　緒論

　　行動電話大廠 Nokia 一句有名的廣告詞：「科技始終來自於人性。」科技不斷進展、推陳出新，目的就是以人的需求為出發點，發明使人生活得更便利、更舒適的產品，營造符合人性的生活環境。以傳播科技而言，目的在使人與人之間的溝通更方便、更快速，傳播的內涵素質更高、更有益於人類的長期發展，進而得以使人類的進展臻於「完人」之境界——人類進展的最高理想。

　　方便、快速，我們不僅見識到了，也享受到了。電視的發明，使傳播學者馬歇爾・麥克魯漢（Marshall McLuhan）提出的「地球村」（global village）的理想得以實現，但是人類的生活品質、傳播的內涵素質，是否因為「天涯若比鄰」之境界的達成而更為提昇？答案其實是有待商榷的。

　　傳播學者王洪鈞曾說，儘管傳播科技發展得如此神速，可惜人類並沒有充分掌握其用途，正像潘朵拉（Pandora）的寶盒，帶給人類便利與滿足，卻也對人類精神文明造成負面影響。

　　電視以及其後陸續出現的電子影像傳播器材，如錄放影設備、電玩遊戲、電腦以及網路等，就是這類傳播科技的最佳寫照，我們享受他們帶來的便利與滿足，卻也同時承受他們帶來的負面影響以及可能對社會和文化造成的傷害。

壹、電視改變兒童的學習過程

一、兒童觀看電視的時間

　　國內外無數的調查研究顯示，兒童從 3 歲開始或更早，每天觀看電視的時間約為 2 小時至 3 小時，而整個童年時期，花在看電視的時間比坐在教室裡的時間還多。

　　此外，尼爾森（Nielsen）的數據顯示，美國小孩平均每週看電視的時間約為 21 個小時至 23 個小時（AC Nielsen Company, 1993）。而且，現代小孩到達 70 歲時，約花了他們生命中的 7 年至 10 年的時間在看電視（Strasburger, 1992）。

　　就看電視的時間而言，國內的數據與國外的數據差異不大。朱則剛、吳翠珍（1994）的調查發現，國內兒童平均每天看電視的時間和民國六十年以來的調查相似（請參閱吳知賢，1992），仍維持在 2 小時至 3 小時左右。

　　根據吳翠珍和關尚仁（1999）的研究，兒童每年看電視的時間約為 1050 個小時，和每年在學校的上課時間 1200 個小時，相差無幾；而每天看電視的時間約佔休閒時間的二分之一。

　　此外，行政院主計處發表的《國民時間運用調查報告》也指出，國人平均每天花費 160 分鐘、一年 1000 個小時，一生約花費 9 年的時間看電視（富邦社會公益網，2002 年 8 月 26 日）。

　　兒童每天花如此多的時間看電視，因此，電視早已成為兒童在家庭、學校與同儕團體之外，相當重要的社會化機構。

根據美國「全國暴力原因及防制委員會」（National Commission on the Causes and Prevention of Violence）的研究，發現電視對兒童最大的影響是改變兒童的學習過程，由傳統的「家庭→學校→社會」轉變為今日的「電視→家庭→學校→社會」。

另外，著名的電視專家 Raymond Williams 也認為，電視改變閱聽人對於現實的認識，也改變人與人之間、人與社會之間的關係（Williams, 1990）。

而傳播學者馬歇爾·麥克魯漢（Marshall McLuhan）在《人體的延伸》（Understanding media: The extensions of man）一書中也強調，電視不只是娛樂工具，還是製造現代人心靈、改變整個生活情境的新力量。電視幫助人們形成新的社會生活情境，這種情境與現實環境不同，人的社會角色與特性因而發生改變。兒童透過觀看電視中呈現的有關大人世界的描述，而變得越來越早熟，兒童時代與成人時代的界限因此變得模糊。就社會化角度而論，電視不只是作為補充家庭和學校之不足的作用，電視內容有時更與家庭和學校教育完全相反（Meyrowitz, 1985）。就某種角度而論，電視削弱家庭和學校的影響力。

二、電視暴力的質與量

一個 4 歲小女孩的父母，告訴小女孩，她的玩伴的父親死了，這對父母原本期待，小女孩對這個消息表示關懷，卻沒想到小女孩問：「誰殺了他？」父母在解釋她的玩伴的父親是病故而非被殺害後，並問小女孩為什麼會認為他是被殺的，小女孩答：「人不都是這樣死的嗎？電視上的人都是這樣

死的呀」（Slaby, 1994）。

這個故事充分顯示，電視在兒童學習過程中所扮演的重要角色。如果，電視是兒童學習過程中，無可避免，另一種型態的教師。那麼，它到底教導什麼樣的內容？

學者 Smythe 和 Head 曾分別針對大量的電視節目進行研究，他們的結論相當一致，在一週內，觀眾能從電視上看到 3,421 件暴力動作（Smythe, 1954），出現暴力最多的竟是兒童節目（每個節目中出現 7.6 次暴力動作），比戲劇節目（1.8 次）、喜劇（0.8 次） 及偵探（5.1 次）都高出許多（Head, 1954）。

而學者 Gerbner 在 1969 年所作的一項研究的結果，比上述 Smythe 和 Head 的研究結果更令人震驚，他發現那一年，10 個卡通片中有 8 個含有暴力，一般節目平均都包含 5 個暴力情節，每小時約有 8 個暴力事件（Gerbner, 1969）。

另外，Gerbner 與同事，針對平日黃金時段的節目和週末早晨時段的兒童節目作內容分析，發現兒童節目比黃金時段的節目，包含更多暴力內容。平均而言，超過 90%的兒童節目包含暴力，遠高於黃金時段節目包含暴力的比例 70%。除此之外，兒童節目中暴力行為的比例也最高，每小時超過 20 個暴力行為，而黃金時段的節目，每小時約有 5 個暴力行為（Gerbner, Gross, Morgan, & Signorielli, 1980; Gerbner, Gross, Signorielli, Morgan, & Jackson-Beeck, 1979）。

後來，Gerbner 與其他研究人員自 1967 年至 1985 年，逐年監看黃金時段（prime time）與週末日間兒童電視節目。在長達 18 年的觀察中，他們發現，節目所含暴力的比率與 20

年前相較，並沒有減少。尤其是卡通片中約 3 分鐘即出現一次暴力，大約是其它節目的 4 倍或 5 倍，而且所含暴力的比率沒有一年低於 90%（Gerbner, Gross, Morgan, & Signorielli, 1986）。

Gerbner 和 Signorielli（1990）更進一步研究 1987 年到 1989 年這段期間的電視暴力程度，儘管在這段期間內電視暴力程度稍有增減，但總體而言，電視觀看者持續不斷的接觸相當高程度的電視暴力。黃金時段的節目，平均每小時包含 5 個暴力情節，而星期六早晨的兒童節目，平均每小時包含 20 至 25 個暴力情節（轉引自 Hughes & Hasbrouck, 1996）。研究結果與幾年前的研究結果差異不大，也都顯示兒童最可能看電視的時間，電視暴力的程度竟然最高。

另一方面，若以看到的暴力總量而言，根據 1989 年 9 月號美國「行家」雜誌（Connoisseur）的報導，美國小孩到 16 歲時，平均在電視上已看過 1,8000 次凶殺的情節（鄭貞銘，1995）。此外，Huston、Watkins 和 Kunkel（1989）等學者的研究也發現，美國兒童小學畢業時，已經在電視上看過 8,000 件謀殺事件和 100,000 件其他的暴力行為。不僅如此，Eron 於 1993 年在國會作證時指出，前面的數據可能低估了，因為沒有考量接觸有線頻道這項因素；有線頻道在愈來愈多的家庭中更為普遍，也傾向於比電視播放更多的暴力節目。除此而外，兒童還觀看一些限制級的電影，如「終極警探 2」（Die Hard 2）包含 264 個暴力死亡的情節和「機械戰警」（Robocop）包含 81 個暴力死亡的情節（轉引自 Hughes & Hasbrouck, 1996）。

此外，為了更進一步瞭解美國的電視內容，Federman（1996, 1997, 1998）主導的「全國電視暴力研究」（National Television Violence Study）[1]，從 1994 年到 1997 年連續三年的時間，全天候檢視包括有線和無線等許多頻道，超過 10,000 個小時的節目。而每一年的研究結果都顯示，在所有節目中，暴力內容佔有相當高的比例，且連續三年，年年如此；約有 61%的節目包含暴力，以此估計，青少年每年可由電視上看到 10,000 個暴力行為（轉引自 Villani, 2001）。

不過，另外值得關切的是，不僅電視暴力的「量」居高不下，電視暴力的「質」更是每況愈下。

隨著傳播科技的進展、新傳播器材的運用，如錄放影設備、電玩遊戲、電腦以及網路等，影像暴力以愈來愈多元的面貌和管道，呈現在閱聽人面前，影像暴力問題因而更為複雜。通常，含有暴力內容的電視和電影會與暴力電玩遊戲相互作用，進而擴大影像暴力的問題，因為，電視和電影將殘暴的影像、思想帶至閱聽人的心中，而電玩遊戲則制約閱聽人的行為，如衝動時即扣板機。

而現今媒體利用當代先進的傳播科技，傳送栩栩如生的暴力畫面，甚至，運用心理學上的制約技巧，採用解除抑制機制和強化觀察學習效果等的暴力描述方式，造成暴力內容過度氾濫以及品質惡化等種種問題。

美國影評人麥可・米德維（Michael Medved），在經過多

---

[1] 在此研究中，研究者進行一項意義重大的努力，試圖發展一種比較「情境式」（contextual）的取向來研究媒體暴力。

年鍥而不捨的對影像暴力作仔細的觀察和分析後，在他的著作《顛覆好萊塢——大眾文化與傳統之戰》（Hollywood vs. American Popular Culture and the War on Traditional Values）中，提出這樣的觀點——影像暴力的質與量已經產生極大的惡劣變化[2]。在電視和電影中，不僅包含驚人的暴力死亡人數，而且，在情節方面也描繪得十分逼真和駭人聽聞。以電影「終極警探 2」（Die Hard 2）和「藍波 III」（Ramboo III）為例，不僅屍體四處橫陳，更有超過一百多個殺人情節的誇張描述。

此外，傳播社會學者史坦利‧羅斯曼（Stanley Rothman）和羅伯特‧李奇特（Robert Lichter）針對美國黃金時段電視影集的暴力內容作詳細的研究；研究發現，電視影集中的暴力行為，比社會上真實的暴力行為多更多。根據他們的研究，黃金時段影集中，每集包含 3.6 件犯罪案件，而每家電視台每個晚上至少播放 50 件犯罪案件，一週至少共有 350 件，其中，有 12 件謀殺案，此外，還有 15 到 20 件搶劫、強暴和攻擊等案件。電視影集中，不僅犯罪率高，而且所描繪和強調的，都是最殘暴和最嚴重的犯罪案件。

貳、媒體真有責任？或只是代罪羔羊？

2001 年 9 月 11 日，美國發生恐怖份子挾持美國民航客機，以自殺攻擊的方式撞擊紐約世貿中心的雙子星大樓和華府的五角大廈。事件發生後，台灣各電視台在第一時間內，

---

[2] 請參閱澳門基督教資訊網站上之〈影像暴力的省思〉。其作者為劉鎮歐，網址：http://www.m-ccc.org/m-youth/TV/Violent_TV.html

透過衛星傳送取得的畫面，立即報導。畫面中的景象與許多以刺激為訴求的電影情節相似，因此，台灣有網友表示，剛轉到新聞台時，還以為看的是 HBO 電影台。美國網友也在一些娛樂網站發表言論，懷疑恐怖份子可能是看多了綁架總統、大樓轟炸、劫機的影片，因此起而效之，引發真正的攻擊行動（KingNet 電影台，2001 年 9 月 13 日）。

　　其實，這樣的猜測與懷疑並非第一次；近年來，國內外發生的許多重大社會案件，都被認為與電視、電影暴力有關。例如，1999 年 4 月 20 日，美國科羅拉州科倫拜恩高中發生學生持槍濫殺同學的慘劇，震驚全球。根據美國紐約郵報報導，此次慘劇中的兩位兇嫌，行兇時身穿黑色長風衣，一邊開槍殺人，一邊還咯咯怪笑的情景，幾乎與「赤子本色」中，男主角李奧納多狄卡皮歐嗑藥後幻想開槍殺掉老師、同學的故事情節，一模一樣（尹德瀚，1999 年 4 月 22 日）。而「赤」片被指控並非首例，早在 1997 年 12 月，肯德基州西斯高中一名 14 歲學生開槍殺害 3 名女同學，兇嫌於偵訊時供稱，他的確受到「赤」片情節的影響。

　　類似的事件層出不窮，1993 年英國兩個 11 歲男孩誘騙一名 2 歲兒童，並將之殺害、棄屍，過程與其常看的卡通片「魔鬼娃娃」相仿，英國有線電視公司立即停播該部卡通（莫索爾，1994）。而且，1992 年巴黎一個 16 歲青年與其同伴學電視電影「馬蓋先」中的英雄，試做爆炸，結果炸死了自己。

　　反觀國內，類似的事件也屢見不鮮，例如，民國 90 年 9 月，台灣治安史上「行兇年齡最小」的逆倫血案，引起社會關切，其中最令人驚訝的是，12 歲親手弒祖母的吳姓少年，

從柯南偵探卡通影片中學會製造不在場證明（陳一雄，2001年9月1日）。兒童心智科醫師表示，確實有越來越多兒童會模仿電視節目，值得注意（潘彥妃，2001年9月1日）。

而嘉義市一名 9 歲李姓女童上吊身亡，她的姐姐告訴警方，當日他們看的連續劇中曾出現女主角以絲巾上吊自殺的情節（許俊傑，1998年8月2日）。另外，屏東縣一名國小三年級郭姓學童自稱是看了電視靈異節目後模仿自殺（宋耀光、林順良，1998年4月18日）。而且，高市警方人員指出，最近國內學生、青少年打群架及飆車，均有持開山刀、西瓜刀相互砍殺的殘暴手法，部份犯罪青少年表示是學習自港劇的警匪影集（黃文博，1995年2月21日）。

以上這些都是兒童、青少年模仿電視節目中的情節，運用於生活中的明顯例子；而且，這樣的例子似乎不斷地出現在我們周遭。

每當國內外有嚴重的社會事件發生時，人們除了悲痛、恐懼之外，總是想到一個問題——媒體，尤其是影像媒體，包含電影、電視、錄放影設備、電玩遊戲、電腦以及網路等，是否產生負面影響而導致發生這些事件？大眾、學者以及業界，也總是在事件後，開始關注影像媒體的暴力內容問題。

然而，對於發生這些嚴重的社會事件，究竟，媒體真有責任？還是如相關業者所言，媒體只是代罪羔羊？這似乎是學者、媒體業者以及大眾等，多方各有說詞、又都言之有理的情況，因此，有關此議題的爭論不斷。

參、研究動機、方法和架構

一、研究動機

不僅爭議不斷,電視暴力[3]還是個存在已久且持續惡化的問題。從電視被發明以來,電視暴力問題就已存在,然而,至今它不僅依然存在,甚至仍然無解;而更值得重視的是,電視暴力是深深影響著個人甚至整個社會的嚴重問題,而且,問題的嚴重程度還在日益惡化中。

因此,期盼透過對電視暴力相關研究的深入探討,有助於瞭解此議題,並進而思索解決之道。

而欲探究的問題,包括:

(一)電視暴力研究的源起和歷史

(二)學者採用什麼研究方法?以什麼角度、取向?從事哪些面向之探討?以及電視暴力的相關理論和各個理論的觀點和闡釋的異同之處

(三)針對電視暴力與攻擊行為的關連,研究成果為何?其

---

[3] 學者 George Gerbner 以系統的方法分析電視暴力著稱。他首先清楚的為電視暴力下定義,他認為,所謂暴力是以明顯的身體動作反抗他人或自己,或是以強迫性的動作威逼對方,使對方感到痛苦或受到傷害而不得不屈從;而電視暴力(TV violence)則是指在電視上呈現的暴力行為(Gerbner, 1972)。不過,由於傳播科技的日新月異,出現在電視螢幕上的暴力,不再只是來自電視節目(包含無線和有線)而已,還包括任何利用電視螢幕而出現畫面的錄放影設備以及電玩遊戲等,因此,本書中提及的電視暴力,具有較寬廣的涵義,意謂所有以影像呈現的暴力,或稱影像暴力。

爭議之處？以及，在累積相當豐碩的研究成果後，有
關電視暴力的爭議至今仍然不曾間斷，為什麼？

（四）除了攻擊行為效果外，電視暴力的其它負面效果為
何？

（五）若就電視暴力對閱聽人的影響而言，暴力的陳述特
質更為重要，目前媒體暴力的陳述特質為何？

（六）現今傳播環境中的媒體暴力問題？以及面對此媒
體暴力充斥的傳播環境，可能的解決之道？

二、研究方法

為探究以上種種問題，筆者廣泛的從國內、外的專書、
專論、各式相關論文、學術期刊、報紙、資料庫以及網路等
各種來源，蒐集有關的資料，加以整理，並整合心理學、社
會學以及醫學[4]等相關理論和觀點，主要採用文獻分析法，且
配合運用歸納、演繹、推論以及比較等方法，對電視暴力相
關議題作深入探討。

三、研究架構

研究成果在本書中，以下列的結構呈現：

第二章主要討論電視暴力研究的發展歷程，分別說明電
視暴力研究的源起和歷史，以及電視暴力研究取向，如：心

---

[4]　1990 年代開始，媒體暴力問題更被視為是公共衛生問題，因
此，許多醫學機構也加入這個研究領域（詳請參閱 pp.81）。而
學者 Centerwall 以流行病學的觀點，探究電視暴力的攻擊行為
效果（詳請參閱 pp.95）。

理學取向、社會學取向、人際互動取向以及社會文化取向，並且闡述電視暴力研究面向之更迭等。

由於研究方法和研究重點的轉變，電視暴力研究的面向因而歷經一些更迭，除了偏向行為層面，探討電視暴力對閱聽人產生攻擊行為的影響外，也從認知層面，探究電視暴力對閱聽人在暴力的認知、態度，以及對真實世界的認知等方面的影響。另外，以認知心理學的基模理論為基礎，瞭解兒童和電視的互動以及觀看電視時的訊息處理過程也是研究的主題。再者，自 1980 年代開始，電視暴力研究的重點，不再只侷限於探討媒介中暴力的數量，媒介中暴力行為的描述方式和情境，逐漸成為許多相關研究的重點。

第三章詳述電視暴力的相關理論，如社會學習理論、淨化理論、激發理論、興奮轉移理論、社會認知理論、社會訊息處理理論、涵化理論、強化理論、倒果為因理論和無害理論等，並比較、分析這些理論在某些觀點和闡釋上的異同。

如以社會學習理論與淨化理論為例，兩種理論在人類行為的起源、「幻想」的功能、閱聽人如何產生抑制作用以及閱聽人觀看電視暴力時的感覺等觀點上的闡釋截然不同；不過，兩種理論的闡釋差異，反而針對電視暴力是否會對閱聽人產生攻擊行為的影響，提供不同思維的多元看法，有助於研究者從較寬廣的角度瞭解相關議題。而且，各個理論之間相異的觀點和闡釋是發展更多其他理論的基礎，例如，學者 Berkowitz 質疑 Feshbach 的淨化理論而發展出暗示理論（cue theory）；此外，學者 Zillmann 質疑 Berkowitz 的暗示理論而發展出興奮轉移理論。

　　第四章探討電視暴力研究的主軸——電視暴力與攻擊行為的關連。文中呈現支持兩者之關連的文獻以及採用不同研究方法的研究成果，包括：實驗研究、實地研究、關連研究、長期固定樣本研究、自然研究以及綜彙分析法（meta-analysis）等。

　　第五章繼續探討電視暴力與攻擊行為的關連。文中說明，電視暴力引發閱聽人產生攻擊行為的機制和過程，如模仿和學習攻擊行為、解除對暴力行為的抑制機制以及激發閱聽人的攻擊想法、情緒和行為傾向。

　　而且，文中也闡述影響電視暴力與攻擊行為之關連的外在情境因素和內在個人特質等。外在情境因素包括：暴力內容的吸引程度、暴力的真實性、對攻擊角色的認同、目標受害人的特質以及觀看時，共視者的行為等。而內在個人特質則為：對暴力內容的瞭解程度、年齡、對攻擊行為的看法、既存的情緒狀態、對攻擊行為的態度和自我規範的標準、原本的攻擊程度、性別、學業表現以及文化等。此外，針對電視暴力與攻擊行為之關連的爭議，分別呈現學界的看法和業者的爭辯等不同的論點。

　　第六章探討除了攻擊行為效果外，電視暴力的其它負面效果，主要為：對暴力產生減敏感度、產生成為暴力受害人的恐懼以及對暴力的胃口加大。並說明暴力內容得以產生上述的負面效果的一些心理機制，如：模仿、解禁、減敏感以及情緒激發等。

　　第七章主要闡述媒體暴力的陳述特質，也就是，暴力的描述方式和情境。若就電視暴力對閱聽人的影響而言，暴力的陳述特質更為重要，因為，不同的暴力描述方式和情境決

定媒體暴力對閱聽人產生的效果以及影響的程度。文中就暴力的動機和正當性、暴力行為的後果、以幽默的方式描述暴力、對暴力加害者的認同、獎賞和懲罰、暴力描述的真實程度、栩栩如生的暴力描述以及描述暴力的過程中出現武器等陳述特質加以討論，並說明這些陳述特質如何影響接觸媒體暴力的三種主要負面效果——學習暴力行為、對暴力產生恐懼感和對暴力產生減敏感度。

第八章指出現今傳播環境所呈現的媒體暴力問題。現今媒體以營利為目的、以娛樂為號召，不僅利用當代先進的傳播科技，傳送栩栩如生的暴力畫面，呈現暴力的扭曲景象，甚至，媒體運用心理學上的制約技巧，採用解除抑制機制和強化觀察學習效果等的暴力描述方式，造成暴力內容過度氾濫以及品質惡化，是現今傳播現象中，令人憂心的問題之一。此外，媒體暴力經常與娛樂連結在一起，閱聽人以娛樂的心情看待暴力，對暴力產生錯誤的認知和態度，則是傳播現象中，另一個令人憂心的嚴重問題。

第九章說明媒介素養的意義和內涵，以及媒體教育的主要概念和內容，並強調媒體教育的重要性，因為，現代媒體不僅影響、形塑我們的社會和文化，甚至，媒體本身就是社會和文化的一部份，在此情況下，閱聽人無法排拒媒體、自外於媒介訊息，再者，現代閱聽人處於相當惡質的傳播環境中，因此，唯有透過媒體教育，培育高媒介素養的閱聽人，才是解決媒體暴力問題的良策。

第一章之參考書目

一、中文部份：

1. 尹德瀚（1999 年 4 月 22 日）。〈美驚傳校園喋血案 至少十五死二十餘傷〉，《中國時報》，第 1 版。

2. 朱則剛、吳翠珍（1994）。《我國國小學生電視識讀能力研究》。國科會研究報告（NSC 81-0301-H-032-504）。

3. 吳知賢（1992）。《電視與兒童》。台北：水牛圖書出版事業有限公司。

4. 吳翠珍、關尚仁（1999）。《媒體、公民、素養——媒體公民教育訓練》。台北：富邦文教基金會。

5. 宋耀光、林順良（1998 年 4 月 18 日）。〈學童模仿自殺 一失足險要命〉，《聯合報》，第 5 版。

6. 〈美國暫停暴力題材影片上映〉（2001 年 9 月 13 日）。《KingNet 電影台》。2001 年 9 月 14 日，取自：http://movie.kingnet.com.tw/movienews.html?showthis=ok&newsrecno=1000356309

7. 陳一雄（2001 年 9 月 1 日）。〈12 歲柯南迷 刺死祖母故佈疑陣〉，《聯合報》，第 3 版。

8. 黃文博（1995 年 2 月 21 日）。〈模仿警匪片 狂舞西瓜刀〉，《中時晚報》，第 7 版。

9. 許俊傑（1998 年 8 月 2 日）。〈模仿連續劇情節 九歲女童上吊身亡〉，《聯合報》，第 8 版。

10. 莫索爾（1994）。〈舉世關切的電視暴力問題〉，《新聞鏡周刊》，272 期，頁 6-10。

11. 〈媒體自律 打造零汙染環境〉（2002 年 8 月 26 日）。《富邦社會公益網》。2004 年 10 月 25 日，取自：
http://www.fubon.org/Media/SubItem_Show.asp?SubItem_ID=14

12. 潘彥妃（2001 年 9 月 1 日）。〈醫師：別把過動兒貼上標籤〉，《聯合報》，第 3 版。

13. 鄭貞銘（1995）。《新聞原理》。台北：五南。

14. 劉鎮歐。〈影像暴力的省思〉，《澳門基督教資訊網》。2004 年 10 月 1 日，取自：
http://www.m-ccc.org/m-youth/TV/Violent_TV.html

二、英文部份：

1. AC Nielsen Company(1993). *1992-1993 report on television.* New York, NY: Nielsen Media Research.

2. Gerbner, G. （1969）. The television world of violence. In D.L. Lange, R.K. Baker, & S.J. Ball（Eds.）, *Mass media and violence* （Vol. XI, pp.311-339）. Washington, DC: U.S. Government Printing Office.

3. Gerbner, G. （1972）. Violence in television drama: Trends in symbolic functions. In G.A. Comstock & E.A. Rubinstein （Eds.）, *Television and social behavior （Vol.1）: Media content and control.* Washington, DC: U.S. Government Printing Office

4. Gerbner, G., Gross, L., Morgan, M., & Signorielli, N.

（1980）. The "mainstreaming" of America: Violence profile no. 11. Journal of Communication, 30（3）, 10-29.

5. Gerbner, G., Gross, L., Morgan, M., & Signorielli, N.（1986）. *Television's mean world: Violence, N. 14-15.* Philadelphia, PA: University of Pennsylvania, Annenberg School of Communications.

6. Gerbner, G., Gross, L., Signorielli, N., Morgan, M., & Jackson-Beeck, M.（1979）. The demonstration of power: Violence profile no. 10. Journal of Communication, 29（3）, 177-196.

7. Head, S.W.（1954）. Content analysis of television drama pr ograms. Quarterly of Film, Radio and Television, 9, 175-194.

8. Hughes, J.N., & Hasbrouck, J.E.（1996）. Television violence: implications for violence prevention. The School Psychology Review, 25（2）, 134-151.

9. Huston, A.C., Watkins, B.A., & Kunkel, D.（1989）. Public policy and children's television. American Psychologist, 44, 424-433.

10. Meyrowitz, J.（1985）. *No Sense of Place.* N.Y.: Oxford University Press.

11. Slaby, R.G.（1994）. Closing the education gap on TV's "entertainment" violence. Education Digest, 59（8）, 4-7.

12. Smythe, D.（1954）. Reality as presented by television. Public Opinion Quarterly, 18, 143-156.

13. Strasburger, V.C.（1992）. Children, adolescents, and

television. Pediatric Review, 13, 144-151.

14. Villani, S. （2001）. Impact of media on children and adolescents: A 10-year review of the research. Journal of the American Academy of Child and Adolescent Psychiatry, 40 （4）, 392-402.

15. Williams, R. （1990）. *Television: Technology and cultural form*. London: Routledge.

第二章　電視暴力研究的發展歷程

壹、電視暴力研究的源起和歷史

1947 年電視興起後，成為一般家庭中普遍的休閒活動，有關電視暴力的影響，逐漸受到大眾的關切，因此，大眾對電視暴力的注意是從 1950 年代早期開始顯現的。

然而，早在電視發明以前，一般大眾傳播媒體中的暴力影響即受到關切，有些研究並加以探討，如 Charters 的研究證實電影中的暴力對青少年有極大的影響（Charters, 1933），Wertham 的研究也發現漫畫對兒童的不良影響（Wertham, 1954）。

美國政府從 1950 年代開始就試圖了解電視暴力與少年犯罪的關連以及電視暴力對青少年的影響。

有鑒於全美教育廣播人協會（National Association of Educational Broadcasters）於 1951 年發表的一系列調查，指出在美國主要的四個大城中，電視播出的犯罪與恐怖節目的比率高達所有節目的 10%，參議員 Estes Kefauver 於 1954 年擔任參議院少年犯罪小組主席時，就對電視暴力與少年犯罪之關連進行一連串的聽證，1956 年委員會發佈報告指出，電視暴力可能對青少年有潛在危險。而繼 Kefauver 之後成為少年犯罪小組主席的 Thomas Dodd，在 1961 年和 1964 年的調查中發現，電視暴力有增加的趨勢，且常在兒童觀看的時段播出，因此，1965 年的報告指出，自 1961 年開始，電視暴力不但未

減少，且與少年犯罪者之反社會行為有關（Rubinstein, 1981）。

　　1960 年代，美國社會中，街頭暴力充斥、反越戰示威不斷以及如火如荼的民權運動，再加上連續幾起的刺殺事件，如 1963 年甘迺迪（John F. Kennedy）總統在達拉斯遇刺、1965 年黑人領袖麥爾康 X（Malcolm X）、1968 年金恩博士（Martin Luther King）和羅伯甘迺迪（Robert Kennedy）等人相繼遇刺，美國的社會環境充滿暴力與不安，美國政府欲瞭解此現象是否與電視暴力有關，因此，1968 年美國總統艾森豪下令成立一個「暴力肇因及防治委員會」（National Commission on the Causes and Prevenion of Violence ）（ 簡 稱 Eisenhower Commission），由政府主導、從事許多電視暴力對兒童和青少年的影響等相關研究，試圖從學術研究找出明確的答案，以期在國會聽證會上作成具體結論，作為總統採取行動及管理電視暴力節目的依據。因此，在這種政治和社會條件下，行政性研究（administrative research）於是主導此一時期的電視媒體內容的研究走向，而且，大都是以電視暴力節目對兒童和青少年的攻擊行為可能造成的負面影響為主要研究目標，而比較忽略電視可能對親社會行為（pro-social behavior）的正面功能。

　　「暴力肇因及防治委員會」於 1969 年出版 15 冊的報告，其中，以學者 Baker 和 Ball 兩人所編的《暴力與媒體》（Violence and the Media）一書，最具學術價值。這本著作長達六百多頁，主要分為三大部份：對於言論自由的歷史觀點介紹、對於新聞媒體的批評以及對於電視娛樂節目與暴力的研究。其中，有關電視娛樂節目與暴力之間的關係，是委託賓州大學安娜

堡學院（Annenberg School）的學者 George Gerbner 負責研究。他採用實證研究方法，一方面以內容分析法，分析黃金時段節目中暴力內容的數量，另一方面則在全美國進行大型的社會調查訪問，以瞭解大眾真正受到暴力侵害的實際經驗。Gerbner 在此書中的重要研究是對電視暴力與真實暴力的比較（請參閱 pp. 211-212）（林東泰，1997）。

此外，「暴力肇因及防治委員會」於其報告中指出，「我們相信經常從電視上觀看暴力行為，對個人的人格及態度均有負面影響」（National Commission on the Causes and Prevention of Violence, 1969：199）。這份報告不僅提供對於電視暴力研究的一些重要調查（Baker & Ball, 1969），而且，報告中並建議，成立一個獨立的媒體研究中心，以監督媒體的表現和從事媒體的社會效果研究（Rubinstein, 1981）。這個建議，於今日驗證，我們肯定其方向是相當正確的。

而與上述 Eisenhower Commission 的報告一樣，對電視暴力研究這個領域有重要貢獻的是 Surgeon General's Report。

1969 年 3 月，參議員 John O. Pastore，當時擔任參議院商務委員會附屬傳播委員會（the Senate Commerce Committee's Subcommittee on Communications）的主席，要求公共衛生局長成立一個由專家組成的委員會，從事研究，以瞭解電視暴力是否會影響兒童，產生反社會行為。

時任公共衛生局長的 William H. Stewart 於是邀請社會學會、社會心理學會、美國廣播電視學會、以及三大電視公司等，共同組成一個「衛生局長對電視與社會行為科學指導委員會」（Surgeon General's Scientific Advisory Committee on

Television and Social Behavior），針對電視暴力的影響，從事深入的研究。

當時，美國國會撥款百萬元，支助 23 個研究專案，在投入龐大人力和物力研究後，於 1971 年完成 40 幾篇研究報告，整個報告名為「美國公共衛生局長對電視與社會行為的研究報告」（Surgeon General's Report on Television and Social Behavior），簡稱「公共衛生局長報告」（Surgeon General's Report）。

這份報告研究的範疇非常廣泛，從觀看電視時間的長短、觀看節目的種類，到對電視節目甚至廣告的反應等，都以電視暴力對兒童的態度和行為的影響為重點；同時，整個研究也使用多種不同的研究方法，如社會調查法、內容分析法、實驗法、觀察法、田野實驗法等（林東泰，1997）。

不過，由於委員會一開始在遴選研究人員時，因為電視台的抵制，而將如 Bandura、Berkowitz 之流的學界大師排除於外，且在 12 名的組成人員中，竟高達 5 名是電視公司的代表或顧問，更由於缺乏協調和統合，每組所用的研究方法、過程不盡相同，因此，the Surgeon General's Report 的公正性早已受到質疑。再者，由於紐約時報記者 Jack Gould 於 1972 年 1 月 11 日以聳動標題大字刊出遭誤解的片面消息——電視暴力對青少年無害（TV Violence Held Unharmful to Youth），不但使委員會的結論提早曝光，且誤導內容，引起社會大眾交相指責，認為這份報告未能適切的反映真實的研究發現（吳知賢，1992）。

儘管如此，the Surgeon Gereral's Report 卻使得學界積極從

事電視暴力研究，它最大的貢獻是促成了電視暴力研究的豐收（Schramm, 1976）。在 1970 年左右，有關電視暴力方面的研究論文，不超過 500 篇（Atkin, Murray & Nayman, 1971），但五年之後，相關的研究論文竟高達 2,400 篇（Comstock & Fisher, 1975）。

此後，電視暴力研究更如雨後春筍般的發展，因而，在這個研究範疇得到非常豐碩的成果。

貳、電視暴力研究取向

電視暴力研究，從 1950 年代開始，至今已超過半個世紀，數十年間，學者採用實驗法、調查訪問、觀察和內容分析等各種方法，以不同的角度、取向，從事多面向的相關研究。就研究取向而論，大致上以四個主要方向進行：心理學取向、社會學取向、人際互動取向以及社會文化取向（林東泰，1997；翁秀琪，1992）。

一、心理學取向

心理學取向是 1960 年代、1970 年代傳播研究的主軸著重電視的短期效果，研究者大多採用實驗法，以探討媒介暴力內容與兒童攻擊行為之關連為主。

此研究取向可再細分為行為主義和認知心理學兩種觀點。

（一）行為主義學派研究取向

1960 年代、1970 年代，當時的社會暴力和街頭運動不斷，再加上當時行為主義盛行，因此，學者傾向於將社會紛亂的

原因，簡化為與電視內容有直接和密切的關連。

行為主義觀點，通常只注意媒介對閱聽人在行為方面產生的直接效果，將電視和閱聽人的關係視為「刺激→反應」的簡單連結，而忽略「個人人格差異」和「環境、社會關係、人際脈絡」等中介變項。但是，不同的閱聽人會受到這些中介變項的影響，而對於相同的媒介內容，產生不同的詮釋和理解，然而，行為主義觀點忽視媒介內容對於不同的閱聽人產生的意義。

（二）認知學派研究取向

認知學派援引心理學的基本理論，認為兒童在觀看電視節目時，有其複雜的心智運作過程，特別強調兒童對於電視內容的注意力和理解力。

另外，一些學者也試圖從行為主義之外的觀點，探討電視對兒童、青少年的影響，如 Bandura 從認知層面探討媒介暴力內容對兒童的影響，而 Berkowitz 一系列的研究則注重媒介暴力內容對兒童情感層面的影響。

不過，認知學派雖然擺脫行為主義的巢臼，然而，基本上仍然以行為主義的基調和方法，探究兒童、青少年觀看電視的行為，因此，許多認知學派的研究，被批評為只是將「認知」當作行為主義中「刺激→反應」模式的一個「中介變項」（mediating variable）而已。

若以媒介效果而論，心理學取向之研究結果傾向於大眾

傳播效果研究之「傳播萬能論」[5]，認為電視具有極大的影響力，可以對閱聽人產生立即、直接的影響。

二、社會學取向

不論行為主義或認知學派，都是從心理學層面探討兒童、青少年觀看電視的行為，鮮少提及兒童、青少年的社會層面問題。因此，一些學者試圖從社會學角度瞭解兒童、青少年與電視的關係。

此研究取向的基本觀點為：具有不同人口變項的兒童，使用媒介的頻率和習慣不同，因此，媒介內容對他們的影響程度也不同。社會學取向的研究者以調查訪問、觀察和內容分析三種方法，探究兒童的個人差異對其認知、接受和使用媒介內容所可能產生的不同影響。

除人口變項外，社會學者還從功能學派的觀點，分析兒童、青少年觀看電視的行為，如觀看電視時的社會情境，是為了與親戚朋友相聚或是為了可以和朋友共同關心某些話題。

社會學取向的研究中，最常被提及的先驅研究為學者Himmelweit等人在英國所做的大規模研究（Himmelweit, H.T.,

---

[5]　傳統的大眾傳播效果研究主流傾向於認為，大眾傳播媒介對閱聽人具有極大的影響力，可以左右其認知、態度和行為，此為「傳播萬能論」（或稱為「魔彈理論」（bullet theory），或「注射模式」（hypodermic model）。不過，學者 Klapper 的書《大眾傳播效果》（The Effects of Mass Communication）出版後，改變過去對大眾傳播媒介效果的看法，轉而將大眾傳播媒介的效果定位在「效果有限論」（limited effect model）。請參閱《大眾傳播理論》，林東泰（1997）著。

Oppenheim, A.N. & Vince, P., 1958）以及學者 Schramm 等人在美國所做的研究（Schramm, W., Lyle, J., & Parker, E.B., 1961）。

就媒介效果而論，此兩份大規模研究的研究結果，均歸類於媒介效果有限論的範疇，亦即電視對兒童的影響程度，因為人口變項（如性別、年齡、智商、家庭社經地位等）以及一些中介變項（如兒童觀看電視時間的長短等）的差異而有所不同，並非如心理學取向研究中主張的電視對兒童能產生立即而直接的影響。

社會學取向研究對大眾傳播媒介效果的看法已由心理學取向研究的「傳播萬能論」，改變為「效果有限論」。

三、人際互動取向

除了心理學和社會學取向外，有些學者試圖從兒童人際互動取向，瞭解電視對兒童的影響；其重點在於親子互動對兒童認知、接受和使用媒介內容所可能產生的影響。

人際互動取向的研究結果，對父母如何在日常生活中指導兒童觀看電視、事後討論電視節目內容等，提供最直接且實用的建議。

四、社會文化取向

社會文化取向的研究，關注媒介如何建構閱聽人腦中的圖像、建構社會真實以及媒體的政治經濟力量如何塑造一個社會的媒體文化。

社會文化取向的研究結果，對於在瞭解媒介的長期效果上，可以提供新的角度和觀點。

參、電視暴力研究面向之更迭

由於研究方法和研究重點的轉變，電視暴力研究的面向因而歷經一些更迭，除了偏向行為層面，探討電視暴力對閱聽人產生攻擊行為的影響外，也從認知層面，探究電視暴力對閱聽人在暴力的認知、態度，以及對真實世界的認知等方面的影響。另外，以認知心理學的基模理論為基礎，瞭解兒童和電視的互動以及觀看電視時的訊息處理過程也是研究的主題。再者，自 1980 年代開始，電視暴力研究的重點，不再只侷限於探討媒介中暴力的數量，媒介中暴力行為的描述方式和情境，逐漸成為許多相關研究的重點。說明如下（並請參閱圖表二-1）：

一、1950 年代初期：使用內容分析法，以探討電視暴力的數量為主

電視暴力研究大約從 1950 年代開始，當時，由於電視剛普及不久，大眾不斷質疑電視內容包含太多暴力，因此，電視暴力研究，主要以內容分析法，探討電視暴力的數量。

最早的電視內容分析是在 1950 年代初期完成的，學者 Smythe 與 Head 曾分別針對許多電視節目進行研究，他們的研究結果相當一致，同時，也為早期的電視節目描述暴力的情形提供清楚的概況──當時，電視節目中充斥著犯罪和暴力的主題。根據他們的研究，一週內，觀眾可以從電視上看到 3,421 個暴力行為（Smythe, 1954），出現暴力最多的是兒童節目（每個節目中出現 7.6 個暴力行為），比戲劇節目（1.8 個）、

喜劇（0.8 個）以及偵探節目（5.1 個）都高出許多（Head, 1954）。

二、1950 年代後期到 1960 年代：使用實驗法，以探究電視暴力與觀看者產生攻擊行為的關連為主

　　針對電視暴力與攻擊行為的關連作系統的研究，於 1950 年代後期開始。學者大多採用實驗法，以測量觀看電視的短期效果。

　　到了 1960 年代，美國社會中，街頭暴力充斥、反越戰示威不斷以及如火如荼的民權運動，再加上連續幾起的刺殺事件，如 1963 年約翰‧甘迺迪（John F. Kennedy）總統在達拉斯遇刺、1965 年黑人領袖麥爾康 X （Malcolm X）、1968 年金恩博士（Martin Luther King Jr.）和羅伯‧甘迺迪（Robert Kennedy）等人相繼遇刺，美國的社會環境充滿暴力與不安，美國政府欲瞭解此現象是否與電視暴力有關，因此由政府主導，從事許多電視暴力對兒童和青少年的影響等相關研究，針對「電視」的研究，遂被窄化為「電視暴力對兒童和青少年的影響」，在當時，並成為一個重要的研究潮流（林東泰，1997），其中，又以「電視暴力與兒童和青少年的攻擊行為之關連」的研究作為主軸。

三、1970 年代：電視暴力研究逐漸從行為層面轉向認知層面，探討除了攻擊行為之外，電視暴力對閱聽人在其它方面的影響

　　1970 年代，學者不再只依循攻擊行為的研究議題，一些學者研究電視暴力對兒童的其他行為的影響，如 Stein 和

Friendrich（1971）發現，電視暴力會影響兒童的自我控制力和人際互動（李秀美，1995）。

此外，電視暴力研究逐漸轉向認知層面，探討電視暴力對閱聽人在暴力的認知、態度，以及對真實世界的認知等方面的影響（Gerbner & Gross, 1980）。

學者 Comstock 與同事，收集 1970 年代中期，有關電視暴力對兒童的影響的相關研究；他們將相關影響歸納並分類為：社會化態度與價值觀念、心理反應、以及情緒表現等方面（Lefkowitz & Huesmann, 1981）。

（一）社會化態度與價值觀念

學者 Drabman 和 Thomas 認為，媒體的虛擬暴力會使人對真實生活中的暴力感覺冷漠，因為媒體暴力教導兒童「攻擊行為是美國生活的方式之一，不必看得太嚴重」（Drabman & Thomas, 1976）。甚至，因為媒體暴力常常比真實生活中的暴力更為殘暴，因此會造成兒童對暴力行為容忍的偏差觀念。

Gerbner 與一些其他學者的研究結果，與 Drabman 和 Thomas 的看法吻合。他們的許多研究發現，觀看電視暴力較多者，對真實生活中的暴力較能容忍，認為那是生活中的一部份，而且相信暴力是達到目的的一種手段。此外，觀看電視暴力較多者，普遍認為社會中充滿較多的危險，多數人會使用暴力，且對人有較高的不信任感（Gerbner & Gross, 1976; Gerbner et al., 1978, 1980）。

（二）心理反應

學者 Cline、Croft 和 Courrier（1973）以脈搏的研究說明，

相較於常看電視的兒童，不常看電視的兒童，在看到電視中的暴力情節時，其脈搏跳動的變化較大；這顯示，常看電視的兒童，早已過度暴露於暴力情節，因此變得麻木。

（三）情緒表現

學者 Biblow（1973）發現，兒童在看過攻擊性的影片後，情緒會由憤怒轉為羞愧和傷心，而在看過非攻擊性的影片後，情緒反而由憤怒轉為高興；這是第一次顯示觀看電視暴力可能產生傷心或沮喪的情緒的研究（Lefkowitz & Huesmann, 1981）。McCarthy（et al., 1975）的研究也認為，常看電視暴力的兒童，心情常是悲傷、沮喪的。

四、1980 年至 1985 年：受到基模理論觀點的影響，以探討兒童和電視的互動以及觀看電視時的訊息處理過程為主

電視暴力對兒童產生什麼影響的單向線性研究，基本上是將兒童視為被動接收訊息者，認為兒童對電視提供的訊息毫無自我選擇、判斷的能力，任由電視訊息對其產生不同層面、不同程度的影響。然而，這類觀點於 1980 年至 1985 年間，因為認知心理學的基模取向受到重視而改變。

在訊息處理和基模理論[6]觀點的衝擊下，學者的論點以闡

---

[6]　許多研究指出，在面對紛至沓來的訊息時，兒童會以「基模」（schema）的方式組織電視內容（Anderson & Smith, 1984; Pingree, 1986）。而根據學者 Fiske 和 Taylor（1984）的定義，基模是「一種認知架構，代表對某一概念或刺激的組合知識。」以認知心理學的觀點而言，基模是一個資料庫式的知識結構，

述兒童是主動解釋電視訊息的觀看者為主，強調必須先瞭解兒童和電視的互動以及觀看時的訊息處理過程，才能瞭解兒童觀看電視的本質以及電視對兒童的影響。

這個互動取向不依賴測量可觀察的行為來解釋電視效果，而主張認知過程、觀看情境以及閱聽人對電視符號形式的知識和其生活經驗所形成的基模，是觀看電視的三大因素（Luke, 1985），影響兒童理解和解釋由電視所獲得的訊息。不過，1985 年以後，認知心理學的基模取向研究，因文化取向研究成為顯學而暫時沉寂（轉引自李秀美，1995）。

五、1980 年以後：以探究媒介中暴力行為的陳述情境為主

同時，自 1980 年代開始，電視暴力研究的重點，由原先探討電視暴力的數量，轉而探究暴力行為的描述方式和情境。

媒介中暴力行為的陳述情境，成為許多研究的重點。如 Williams、Zabrack 和 Joy（1982）檢視暴力行為的企圖、後果和暴力是否以幽默的方式呈現等情境因素，而 Sherman 和 Dominick（1986）研究暴力行為的後果和行使暴力的過程中是否使用武器，另外，Potter 和 Ware（1987）則檢視，暴力行

使分散、零碎的知識納入在一個整合、有意義的架構中。而基模理論（schema theory）說明當兒童觀看電視時，基模會導引兒童注意重要的刺激，把不重要的情節刪除，而符合預期的情節則儲存於現存的知識結構中，因此，根據基模理論，兒童在觀看電視時，會選取某些資訊以掌握劇中人物的性格、知曉劇中事件發生的前因後果以及人物的感情和動機等，這些知識處理包含歸因（attribution）、推論（inference）以及統整（integration）（轉引自吳知賢，1998）。

為是否得到獎賞、是否被合理化和暴力行為的動機以及是否以英雄的姿態描述行使暴力的角色等情境因素。

〈圖表二-1〉：電視暴力研究面向之更迭

時間	研究的面向
1950 年代初期	電視暴力的數量
1950 年代後期到 1960 年代	電視暴力與閱聽人產生攻擊行為的關連
1970 年代	1、 從行為層面轉向認知層面 2、 電視暴力對閱聽人在其它方面的影響
1980 年至 1985 年	1、 兒童和電視的互動 2、 兒童觀看電視時的訊息處理過程
1980 年以後	暴力行為的陳述情境

（資料來源：研究者整理）

　　若以國內學者的研究而論，大體上仍依循國外研究的面向，如楊文俊（1973）、孫東顯（1994）以及謝旭洲（1997）的研究，探討電視暴力內容對兒童、青少年的侵略行為的影響，以行為層面為主。而羅文坤（1976）則研究電視對青少年暴力態度的影響。至於其他面向的研究，如吳知賢（1990）探討電視暴力對兒童社會態度的影響。黃明明（1992）研究暴力內容對兒童的涵化效果。而楊幸真（1993）、吳翠珍

（1994）、李秀美（1995）以及吳知賢（1997）的研究，主要
與基模理論有關，探究兒童的基模發展以及他們如何理解和
闡釋電視內容（請參閱圖表二-2）。

〈圖表二-2〉：國內學者之相關研究

學者姓名	研究的時間	研究內容
楊文俊	1973	電視節目對兒童侵略性的影響
羅文坤	1976	電視對青少年暴力態度的影響
吳知賢	1990	電視暴力對國小兒童社會態度的影響
黃明明	1992	電視新聞暴力內容對兒童的涵化效果
楊幸真	1993	由基模理論看兒童對電視訊息接收之理解與釋義
吳翠珍	1994	兒童的電視釋義基模
孫東顯	1994	青少年電視暴力訊息接觸與暴力行為
李秀美	1995	兒童故事基模發展與電視卡通暴力訊息解讀之關連
謝旭洲	1997	暴力卡通影片與國小學童侵略行為
吳知賢	1997	電視卡通中兩性知識與暴力內容分析及兒童如何解讀

（資料來源：研究者整理）

肆、結語

學者採用不同的研究方法，如實驗法、調查訪問、觀察和內容分析等，以不同的角度、取向，如心理學取向、社會學取向、人際互動取向以及社會文化取向等，從事多面向的相關研究，而在這個研究範疇得到非常豐碩的成果。

不過，電視暴力研究仍然遭受許多批評和質疑。一些學者指責相關研究在方法和理論上的缺失，其中，最具代表性的批評，包括 Cumberbatch 和 Howitt（1989）、Gauntlett（1995）以及 Vine（1997）等學者的研究。而學者 Buckingham 質疑電視暴力研究之處為，「暴力」通常被當作「訊息」或「刺激」所具有的一種可以被量化的性質；而在實驗室的人造情境中所進行的操控性實驗，則被認為是唯一能顯示觀看者的反應方式的科學方法。即使在某些案例中，研究者使用實地調查或比較自然主義的方法，暴力——無論是在媒體中或日常生活裡——還是普遍的被抽象化，離開其所發生的具體情境以及作惡者的動機（轉引自楊雅婷譯，2003）。

其實，就電視暴力對閱聽人的影響而言，暴力的描述方式和情境可能更為重要，因為，不同的暴力描述方式和情境決定媒體暴力對閱聽人產生的效果以及影響的程度，例如，受獎賞的暴力會增加閱聽人學習攻擊行為的可能性，而受懲罰的暴力則會降低此可能性。因此，必須瞭解暴力的描述方式和情境，才能瞭解電視暴力對閱聽人的影響的全貌。而自1980 年代開始，在電視暴力研究的範疇中，暴力行為的描述方式和情境逐漸受到重視，期盼這個趨勢有助於日後的相關

研究。此外，國內學者鮮少以媒介中暴力行為的描述方式和
情境為主題作研究，這或許可作為國內往後相關研究的參考
方向。

第二章之參考書目

一、中文部份:

1. 李秀美（1995）。《兒童故事基模發展與電視卡通暴力訊息解讀之關連性研究》。台北：政大新聞研究所碩士論文。

2. 吳知賢（1990），〈電視暴力對國小兒童社會態度影響之研究〉，《省立台南師範學院學報》，第 23 期，頁 99-132。

3. 吳知賢（1992）。《電視與兒童》。台北：水牛圖書出版事業有限公司。

4. 吳知賢（1997）。《電視卡通影片中兩性知識與暴力內容分析及兒童如何解讀之研究》。台北：電視文化研究委員會。

5. 吳知賢（1998）。《兒童與電視》。台北：桂冠圖書股份有限公司。

6. 吳翠珍（1994）。〈兒童之電視釋義基模初探〉，《新聞學研究》，48 期，頁 1-41。

7. 林東泰（1997）。《大眾傳播理論》。台北：師大書苑有限公司。

8. 翁秀琪（1992）。《大眾傳播理論與實證》。台北：三民書局股份有限公司。

9. 孫東顯（1994）。《青少年電視暴力訊息接觸與暴力行為之研究》。台中：東海大學社會工作研究所碩士論文。

10. 黃明明（1992）。《電視新聞暴力內容對兒童涵化效果之初探》。台北：政大新聞新聞研究所碩士論文。

11. 楊文俊（1973）。《電視節目對兒童侵略性的影響》。台北：政大新聞新聞研究所碩士論文。

12. 楊幸真（1993）。《由基模理論看兒童對電視訊息接收之理解與釋義》。台北：淡江教育資料科學研究所碩士論文。

13. 楊雅婷譯（2003）。《童年之死》。台北：巨流圖書公司。（原書 Buckingham, D. *After the Death of Childhood: Growing Up in the Age of Electronic Media.*）

14. 謝旭洲（1997）。〈暴力卡通影片與國小學童侵略行為的研究〉，《廣播與電視》，第 3 卷第 1 期，頁 71-92。

15. 羅文坤（1976）。《電視對青少年影響之研究——不同暴力程度的電視節目對不同焦慮程度及電視暴力接觸程度的國中學生在暴力態度的差異》。台北：政大新聞新聞研究所碩士論文

二、英文部份：

1. Atkin, C., Murray, J.P., & Nayman, O.B. （1971）. *Television and social behavior: An annotated bibliography of research focusing on television's impact on children.* Washington D.C.: United States Government Printing Office.

2. Baker, R.K., & Ball, S.J. （1969）. *Violence and the media: A staff report to the National Commission on the Causes and Prevention of Violence.* Washington, D.C.: United States Government Printing Office.

3. Biblow, E. （1973）. Imaginative play and the control of aggressive behavior. In J.L. Singer （Ed.）, *The child's world*

of make-believe: Experimental studies of imaginative play. New York: Academic Press.

4. Charters, W.W.（1933）. *Motion pictures and youth: A summary.* New York: Macnillan.

5. Cline, V.B., Croft, R.G., & Courrier, S.（1973）. Desensitization of children to television violence. Journal of Personality and Social Psychology, 27, 360-365.

6. Comstock, G., & Fisher, M.（1975）. *Television and human behavior: A guide to the pertinent scientific literature.* Santa Monica, California: Rand Corporation.

7. Drabman, R.S., & Thomas, M.H.（1976）. Does watching violence on television cause apathy? Pediatrics, 57, 329-331.

8. Gerbner, G., & Gross, L.（1976）. Living with television: The violence profile. Journal of Communication, 26(1), 173-199.

9. Gerbner, G., & Gross, L.（1980）. The violence face of television and its lessons. In E. L. Palmer & A. Dorr（Eds.）, *Children and the faces of television: Teaching, violence, selling.* New York: Academic Press.

10. Gernber, G., Gross, L., Jackson-beeck, M., Jeffries-Fox, S., & Signorielli, N.（1978）. Cultural indicators: Violence profile no. 9, Journal of Communication, 28（3）, 176-207.

11. Gerbner, G., Gross, L., Morgan, M., & Signorielli, N. （1980）. The "mainstreaming" of America: Violence profile no. 11. Journal of Communication, 30（3）, 10-29.

12. Head, S.W.（1954）. Content analysis of television drama

programs. Quarterly of Film, Radio and Television, 9, 175-194.

13. Himmelweit, H.T., Oppenheim, A.N., & Vince, P. （1958）. *Television and the child: An empirical study of the effect of television on the young.* London: Oxford University Press.

14. Lefkowitz, M.M. & Huesmann, L.R. （1981）. Concomitants of television violence viewing in children. In E.L. Palmer & A. Dorr （Eds.）, *Children and the faces of television: Teaching, violence, selling.* New York: Academic Press.

15. McCarthy, E.D., Langner, T.S., Gersten, J.C., Eisenberg, J.G., & Orzeck, L. （1975）. Violence and behavior disorders. Journal of Communication, 25（4）, 71-85.

16. National Commission on the Causes and Prevention of Violence. （1969, September 23）. Commission statement on violence in television entertainment programs.

17. Potter, W.J., & Ware, W. （1987）. An analysis of the contexts of antisocial acts on prime-time television. Communication Research, 14, 664-686.

18. Rubinstein, E.A. （1981）. Television violence: A historical perspective. In E.L. Palmer & A. Dorr （Eds.）, *Children and the faces of television: teaching, violence, selling.* New York: Academic Press.

19. Schramm, W. （1976）. The second harvest of two research--producing events: the Surgeon General's inquiry and Sesame Street. Proceedings of the National Academy of

Education, 3, 151-219.

20. Schramm, W., Lyle, J., & Parker, E.B. （1961）. *Television in the lives of our children.* Stanford, CA: Stanford University Press.

21. Sherman, B.L., & Dominick, J.R. （1986）. Violence and sex in music videos: TV and rock'n'roll. Journal of Communication, 36 （1）, 79-93.

22. Smythe, D. （1954）. Reality as presented by television. Public Opinion Quarterly, 18, 143-156.

23. Tannenbaum, P.H. （1971）. Emotional arousal as a mediator of communication effect. Technical reports of the commission on obscenity and pornography （Vol.8）. Washington, D.C.: U.S. Government Printing Office

24. Wertham, F.C. （1954）. *Seduction of the innocent.* New York: Rinehart.

25. Willaims, T.M., Zabrack, M.L., & Joy, L.A. （1982）. The portrayal of aggression on North American television. Journal of Applied Social Psychology, 12, 360-380.

第三章　電視暴力的相關理論

　　學者因研究方法、研究時間、採用的觀點以及探討的面向等差異，針對電視暴力，提出許多不同的假設和理論，包括：社會學習理論、淨化理論、激發理論、興奮轉移理論、社會認知理論、社會訊息處理理論、涵化理論、強化理論、倒果為因理論以及無害理論。各個理論之間，雖有相同、互補之處，但也有差異極大、相互矛盾之處。本章就電視暴力的相關理論作探討，並進一步分析、比較這些理論之異同。

壹、各種理論

　　電視暴力對閱聽人產生攻擊行為的影響，一直是電視暴力研究的主軸。學者採用不同的研究方法、研究的時間長短不一，提出許多假設與理論。其中，1950 年代、1960 年代，心理學家以接觸電視暴力時，閱聽人產生不同的心理機制為基礎，提出觀點差異極大的社會學習理論（social learning theory）、淨化理論（catharsis theory）和激發理論（instigation theory）。分述如下：

一、社會學習理論（social learning theory）

　　社會學習理論是由史丹福大學（Stanford University）教授 Albert Bandura 提出的。

　　Bandura 與其學生 Richard Walters，於 1963 年合著的專書

《社會學習和個性發展》（Social Learning and Personality Development）中，首次提出社會學習理論的原則。書中，Bandura 和 Walters 認為，示範作用（modeling）在兒童的社會發展過程中扮演相當重要的角色。

為了客觀且生動的展現示範作用的重要性，Bandura 和 Walters 針對遊戲中攻擊行為的示範作用，從事一系列的實驗。其中，最有名且最重要的就是 1960 年代早期的 Bobo 娃娃實驗。

Bobo 娃娃實驗的主要目的是說明，接觸具攻擊性的行為模範（model），通常會對兒童產生教導效果（teaching effect）──兒童模仿、學習攻擊行為。

行為模範並不僅限於生活中的真實人物，也可以是電視、電影中的角色或卡通影片中的虛擬人物。許多實驗研究結果顯示，兒童可以如同模仿真實人物般的模仿影片中的人物（Bandura, 1965; Bandura, Ross, & Ross, 1963a; 1963b）。而且，電視、電影和卡通圖片中的人物對兒童的示範影響力，絲毫不亞於生活中真實人物的影響力（高申春，2001）。

除了教導效果外，攻擊行為模範對兒童還具有推動效果（motivating effect），促使兒童解除對暴力行為的抑制能力，或稱解禁效果。Bandura（et al., 1963b）的研究結果顯示，攻擊行為模範同樣具有解禁效果。

根據社會學習理論，兒童經由兩種方式學習新的行為模式；其一為個人經由試誤過程而學得的直接經驗，其二為觀察、模仿他人行為的間接經驗。攻擊行為亦是透過直接的或

替代的經驗而學得的。而社會學習理論的主要貢獻在於，強調環境暗示作為攻擊行為的誘因，而不是將全部的焦點置於個人的內在特質，如心中的驅力（drive）。

二、淨化理論（catharsis theory）

不同於社會學習理論的觀點，認為攻擊行為是透過觀察、模仿而學得的行為；淨化理論認為，攻擊行為是一種本能、是行為主體內心的自然驅力表現出來的結果。此自然驅力即為攻擊衝動，當它達到某個程度時，行為主體就會表現出攻擊行為，以宣洩此驅力。

淨化理論可回溯到亞里斯多德（Aristotle）。早在電視暴力成為大眾關切和爭論的議題之前幾世紀，亞里斯多德就推測，透過觀看戲劇，觀眾的情感，如悲傷、害怕和憐憫等，得以抒發而淨化。這個想法被擴大到包含憤怒和攻擊衝動等情緒，認為藉由接觸戲劇、影片或電視中的攻擊行為，個體得以排除心中的攻擊衝動。

根據這個想法，學者 Seymour Feshbach 主張，個體心中的悲傷、害怕、憐憫、憤怒和攻擊衝動，往往能透過觀看電視上的類似情節而澄清淨化，因此，原來潛藏在心中的攻擊慾望，能透過觀看電視暴力而被洗滌除去，所以，觀看電視暴力可以減少暴力行為（Feshbach, 1955）。

Feshbach（1961）的實驗研究結果，支持淨化理論。研究發現，原本憤怒的個體，在看過暴力影片之後的心理測驗結果顯示，個體的攻擊意願降低。

後來，學者 Feshbach 和 Singer（1971）採用實地研究，

隨機的將七個社區學校的男童分為兩組，分別觀看暴力的或非暴力的電視節目，每人每週看 6 個小時的節目，連續 6 週；並在這一段時間內，觀察和測量他們在自然情境下的攻擊行為。結果發現，具攻擊性的男孩的確可以透過觀看電視暴力，排除本身的攻擊衝動，因而隨後不表現出攻擊行為。

Feshbach 和 Singer 進一步修正淨化理論。他們認為，媒體內容刺激閱聽人，使其產生幻想，且此幻想滿足閱聽人的某些需求。依此觀點，幻想被視為是「外在行為的替代，此替代可以提供部份報償，也可以減少情緒激動，而且也被視為是適應機制」。

根據 Feshbach 和 Singer 的觀點，幻想是以兩種方式，減少產生真實攻擊行為的可能性。首先，它減少生氣個體的情緒激動程度。如果，生氣的個體，可以透過幻想，處罰或教訓令他憤怒的人，那麼，生氣個體會因此減少其情緒激動程度，且將其憤怒化為真正行動的機率也會降低。而且，個人如果能從幻想的處罰或教訓中得到滿足，他就會傾向於，甚至養成習慣的，以此方式排除其攻擊情緒。

而電視可以提供幻想的內容，用以發揮淨化作用，特別是，如果觀看者認為，幻想內容中的角色和情境，與他們以及他們所處的情境類似的話。

其次，電視暴力可以透過抑制作用，減少個人的潛在攻擊性。抑制作用使得觀看者害怕暴力和暴力的可能後果，也使得個人因為具有攻擊衝動和表現攻擊行為而焦慮，因此，觀看者會避免行使攻擊行為以減少恐懼。

　　儘管 Feshbach（1955,1961）的研究結果非常支持淨化理論，然而，這個理論一直無法得到相關研究的支持，特別是在兒童研究方面，如 Alberta Siegel（1956）以托兒所的兒童為研究對象，發現兒童在看過暴力卡通後，表現更多的攻擊行為，研究結果並不支持淨化理論（Liebert & Sprafkin, 1988）。

　　另外，Feshbach 的研究結果受到質疑的原因在於，它無法控制或考慮一些重要的因素，而且，試圖複製類似實驗的其他研究，並無法得到相同的研究結果（Wells, 1973，轉引自 Gunter, 1994）。

　　甚至，學者 Berkowitz（1962）認為，Feshbach（1961）的實驗研究結果，並不是因為淨化作用，而是因為實驗所誘發的抑制作用。

　　雖然，多數研究並不支持淨化理論，不過，淨化理論仍然是電視暴力與攻擊行為這方面研究的重要理論之一（Comstock et al., 1978; Gunter, 1994; Signorielli, 1991，轉引自 Potter, 1999）。

三、激發理論（instigation theory）、暗示理論（cue theory）和認知連結理論（cognitive priming）

　　激發理論與社會學習理論和淨化理論的觀點非常不同。

　　首先，不同於社會學習理論，激發理論主張，閱聽人觀看暴力內容，由於被故事情節吸引，引發情緒激動（arousal），進而產生攻擊行為，因此觀看電視暴力之後，隨後產生攻擊行為，是因為閱聽人的情緒激動，而非模仿影片中的人物（Berkowitz, 1962, 1969; Tannenbaum, 1971）。

　　再者，Berkowitz（1962）雖然同意淨化理論的研究結果（Feshbach, 1961）——原本憤怒的個體，在看過暴力影片之後，攻擊意願減低。不過與 Feshbach 的看法不同，Berkowitz 認為，造成攻擊意願減低的原因，並不是淨化作用，而是因為實驗所誘發的抑制作用。

　　為了驗證這個看法的正確性，Berkowitz 進一步設計另一個實驗。在此實驗中，受測者首先接受智力測驗，主持測驗的實驗助理，故意羞辱受測者。而在看完一段影片之後，請受測者根據助理的專業能力予以評分，且暗示他們的評分會影響助理的工作前途。

　　兩組受測者觀看同一段影片，影片的內容是主角在一場殘忍的拳賽中被揍得很慘的情景。所不同的是，其中一組被告知，被揍的主角是大壞蛋，被打活該；而另外一組則被告知，主角是為自己往日的罪行悔恨不已的好人。此實驗運用心理學上的「有正當理由的攻擊」和「沒有正當理由的攻擊」，以測試心理的抑制程度。

　　如果依照淨化理論，兩組受測者對助理的敵意，應該都會藉由替代參與暴力的經驗而降低，然而實驗結果發現，觀看有正當理由攻擊的這組，給予助理負面評分的比率，比另一組高。研究結果證實 Berkowitz 的觀點：報復性質的影片，降低個人的抑制作用，而表現在他們認為咎由自取的攻擊目標（助理）上。

　　此外，Berkowitz（1965）因另一項觀點而發展出暗示理論（cue theory）。Berkowitz 認為生氣的個體接觸電視暴力時，電視中的暴力情節，如武器、角色等可作為暗示，導引閱聽

人表現攻擊行為。因此，當閱聽人在真實生活中面臨這些暗示時，就會聯想到暴力而增加表現攻擊行為的可能性。Berkowitz（1974）進一步解釋暗示理論，表示挫折是攻擊行為的充分條件，而引發攻擊行為的暗示，則是促使產生攻擊行為的必要條件。

Berkowitz（1984）再擴展暗示理論成為認知連結（cognitive priming）理論，用以解釋閱聽人對媒體暴力的短期反應。依此理論，媒體暴力內容會啟動或激發閱聽人的攻擊想法，而這些攻擊想法又會連結儲存於記憶中的其他相關想法、情緒和行為傾向。因此，在接觸媒體暴力後的短時間內，閱聽人是處於攻擊想法和攻擊行為傾向隨時可能啟動的狀態。

其他一些研究也支持此理論，認為媒體暴力內容會連結閱聽人的攻擊想法（Bushman & Geen, 1990）。Berkowitz、Parker和West的一項研究，要求兒童在看過漫畫書之後，選擇一些字來造句，結果發現，閱讀戰爭內容漫畫書的兒童，比閱讀中性內容漫畫書的兒童，傾向於選擇攻擊性的字來造句（Berkowitz, 1973，轉引自 Strasburger & Wilson, 2002）。

而一些情況會促使閱聽人將攻擊想法和情緒，發展成實際的攻擊行為。詳述如下：

（一）閱聽人的心理狀態

在觀看媒體暴力之前就已經生氣的個體，較可能受到暴力內容的影響而表現出攻擊行為（Berkowitz, 1986）。Berkowitz（1990）進一步解釋，處於憤怒以及挫折狀態下的個體，因媒體暴力內容而產生認知連結，進而表現攻擊行為。

學者 Huesmann（1988）也認為，兒童既存的情緒狀態，不論是原本個性上的傾向或是才剛被引發的情緒激動，都會影響兒童對目前所處情況的情境暗示的注意以及對這些情境暗示的評估。例如，處於生氣情況中的兒童或是原本就較具攻擊性的兒童，在觀賞暴力影片時，比較容易將焦點放在引人注意的暗示上，如打鬥場景的細節，而忽略其他可能對攻擊行為產生抑制作用的暗示，如攻擊行為的動機和後果等。而相較之下，不具攻擊性的兒童，在沒有生氣的情況下，會將焦點放在不同的或較廣的情境暗示。

另外，Paik 和 Comstock（1994）的研究也發現，憤怒的個體更容易受媒體暴力的影響。

（二）攻擊行為的正當性

許多研究顯示，觀看攻擊行為被合理化的閱聽人，比觀看攻擊行為沒被合理化的閱聽人，對激怒者的處罰較重（Berkowitz, 1984）。由此可知，合理化的攻擊行為會引發「暴力行為是正當的」相關想法。因此，媒體中合理化的暴力，會鼓勵閱聽人將其本身的攻擊行為合理化（Jo & Berkowitz, 1994）。

此外，媒體暴力如果被描述為適當的行為，會降低閱聽人對攻擊行為的抑制機制，因而更容易表現出攻擊行為。許多研究也顯示，媒體中合理化的暴力，會引發閱聽人後續的攻擊行為（Paik & Comstock, 1994）。

激發理論的重大貢獻為，注重「正當性」（justification）是影響行為表現的「暗示」（cue）因素。此理論認為，暴力是

否具有正當性，是影響閱聽人隨後表現攻擊行為的重要暗示，如果所看影片中的暴力是出於正當的防衛或是懲治惡徒的必要手段，那麼閱聽人就比較會受到激發，而表現出較多的攻擊行為。

此外，還有一些相關的理論，如下。

四、興奮轉移理論（excitation transfer theory）

與激發理論的觀點相似，學者 Dolf Zillmann 提出的興奮轉移理論（excitation transfer theory）也主張，閱聽人觀看媒體暴力內容後會產生情緒激動（arousal）。

Zillmann（1971）的實驗研究，將大學年齡的受測者分成三組，分別觀看暴力影片、色情影片以及中性（不具暴力或色情）影片。研究結果顯示，觀看色情和暴力影片的受測者，表現出較高的攻擊性。Zillmann 因此假設，觀看色情和暴力影片後，閱聽人因為處於興奮狀態，因而造成行為的改變，「興奮」是解釋媒體暴力對閱聽人產生攻擊行為效果的重要因素。

另外，由於研究結果顯示，觀看色情影片受測者的攻擊性，比觀看暴力影片受測者的攻擊性還高，因此，Zillmann 認為，由某項活動而產生的興奮，可以被轉移到另一項活動。

Zillmann 以個人的興奮狀態，作為解釋攻擊行為的成因，因此假定，只要媒體內容能令人興奮，不論其為暴力或色情，都會增加閱聽人的攻擊性（Zillmann, 1991）。

不過，興奮轉移理論，雖然可以用來解釋行為改變的原因，如非模仿的攻擊行為為何增強，但對觀看者為何模仿影

片中的攻擊行為，卻無法作有效的解釋。此外，興奮假設也無法合理的解釋，不同的背景說明影響觀看者的行為反應的實驗結果。

基本上，電視或影片的「指導作用」，才是影響閱聽人行為的主要因素。因此，「興奮」因素或許可視為造成行為改變的次要因素，與「媒體內容」在影響觀看者的行為上，具有互補的作用（鄭明椿譯，1994）。

五、社會認知理論

Bandura 以其先前提出的社會學習理論為基礎，進一步提出社會認知理論（social cognitive theory）（Bandura, 1986）。

社會認知理論重視觀察學習的認知過程[7]，如注意過程和維持過程等，而且，被廣泛的用來闡釋，閱聽人從媒體暴力學習攻擊行為的的過程。

社會學習理論與社會認知理論都是瞭解兒童從媒體暴力中學得新的行為模式的架構。不過，兩者的差別在於，社會學習理論以行為導向，探討電視暴力對觀看者產生攻擊行為的影響，而社會認知理論探討的層面，從行為導向轉為認知導向，強調認知因素在產生影響的過程中的重要性。

---

[7] Bandura 受資訊處理認知心理學的影響，對觀察學習進行內部認知處理過程的分析。他認為，觀察學習過程是由四個相互關聯的子過程組成的──注意過程、維持過程、產出過程和動機過程。參閱《人性輝煌之路：班度拉的社會學習理論》，高申春（2001）著。

六、社會訊息處理理論（Social Informational Processing Theory）

不同於社會學習理論與社會認知理論，以探討觀看媒體暴力後短時間內產生的攻擊行為為主，Huesmann（1998）提出的訊息處理模式，解釋一般人如何發展攻擊行為且經過長時間後，仍能維持此類行為。

這個模式以探討行為範本（script）為主。根據 Abelson（1976），行為範本就是儲存於記憶中，用以指導行為以及解決社會問題的心理歷程（mental routines）。行為範本通常包含可能發生的事件、對此事件如何反應以及所採取的反應行為的後果等訊息。行為範本通常是經由直接的個人經驗和間接的接觸媒體而獲得。

Huesmann（1998）認為，兒童早期的學習經驗，在發展行為範本的過程中，扮演重要的角色。依此觀點，在真實生活中或是透過媒介經常接觸暴力的兒童，較可能發展出以攻擊行為作為解決問題方式的行為範本（Huesmann, 1986, 1988）。

Huesmann 結合社會學習理論和認知連結理論的看法，闡釋已獲得的行為範本從記憶中被提取出來的主要因素。

首先，與社會學習理論的觀點相同，認為某些行為範本，較容易從記憶中被提取出來的原因在於，行為主體不斷以回憶、幻想以及扮演等方式加以演練這些行為範本，因此較容易從記憶中尋得。

其次，與認知連結理論的看法相似，認為環境暗示會加速行為範本的記憶。而且，如果環境暗示與行為範本被記憶

時的情境相似，此行為範本被提取出來的可能性就會增加（Tulving & Thomson, 1973，轉引自 Strasburger & Wilson, 2002）。

學者 Geen（1994）認為，不論攻擊範本是如何被提取出來的，行為主體一旦決定採取攻擊策略，就會依特定情況下的新訊息將攻擊範本加以強化和擴展，使其適用於更廣泛的情況。因此，持續不斷的接觸媒體暴力訊息，有助於攻擊範本的形成和提取。

Huesmann 的訊息處理模式，採取比社會學習理論和認知連結理論更為宏觀的觀點，解釋長期接觸媒體暴力如何助長閱聽人的攻擊行為；此觀點指出，媒體暴力是許多可以強化兒童攻擊行為的環境因素中的一項（Strasburger & Wilson, 2002）。

以上幾種理論，主要在探討電視暴力對閱聽人產生後續攻擊行為的影響；而涵化理論，則探究電視對於閱聽人在建構「社會真實」上的可能影響以及電視暴力的其他影響，如對暴力產生恐懼等。

七、涵化理論（cultivation theory）

傳播學者 George Gerbner 提出的涵化理論，主要從認知的角度，瞭解媒介如何形塑觀念以及建構社會真實（Hughes, 1980）；其重點在於，電視對於閱聽人在建構「社會真實」上的可能影響。

不同於傳統的量化研究，面對暴力充斥於電視節目的現象，涵化論者關切的不是這些節目會不會使觀眾變得更暴

力，而是這些節目會不會使觀眾「覺得」社會上的暴力問題就像電視上演的一樣。

Gerbner 等學者長期收集、分析電視暴力節目的內容並從事閱聽人觀念、意見、態度等的調查。他們發現，長期觀看電視暴力的閱聽人，對「社會真實」的認知，與電視所呈現的「媒介真實」（media reality）相符。由於媒介真實和社會真實之間常有落差，電視所呈現的媒介真實傾向於強調暴力，因此，暴力節目看得愈多的閱聽人，通常也認為現實生活中暴力愈多，愈覺得身處「卑鄙世界」（mean world）。

Singer、Singer 和 Rapaczynski（1984）的研究，以 63 位 4 歲的男、女童為樣本，進行長達五年的追蹤調查，直到樣本九歲時。研究過程中，研究者定期取得兒童收看電視、攻擊程度以及他們對生活在「冷酷的、可怕的世界」的認知程度等資料。研究結果發現，經常收看電視的閱聽人較傾向於認為自己生活的世界是冷酷、可怕的。研究結果清楚的顯示電視長期的涵化效果，極具說服力。

針對接觸媒體暴力導致閱聽人產生恐懼的概念作進一步的研究，Gerbner 等學者認為，不斷接觸媒體暴力會使閱聽人對真實世界產生不信任感和不安全感（Gerbner & Gross, 1976; Gerbner, Gross, Morgan & Signorielli, 1994）。

此外，Gerbner 等學者從許多以不同年齡的閱聽人作為樣本的研究中也發現，相較於少收視者，經常收視的閱聽人傾向於認為世界是充滿暴力的地方，而且也認為他們本身較可能成為暴力受害者（Signorielli & Morgan, 1990）。

而 Bryant、Carveth 和 Brown（1981）的實驗研究，以 90 個大學生為測試對象，目的在瞭解受測者收看經過挑選的電視節目六星期後的焦慮程度和認為自己成為暴力受害者的可能性。首先，先測量受測者的焦慮程度，並依測量結果，分為高焦慮程度和低焦慮程度。再將高、低焦慮程度的受測者各分為三組：一組看較少電視、一組看較多電視但所看之內容傾向公平正義、以及另一組看較多電視但內容傾向非公平正義。

研究結果發現，比起其他兩組受測者，看較多電視但內容為非公平正義這一組的受測者，其焦慮程度明顯增加，而且，這組受測者，認為自己成為暴力受害者的可能性也增加最多。Bryant（et al., 1981）研究結果支持涵化理論——不斷接觸電視暴力確實會增加閱聽人的恐懼和焦慮程度。

不過，涵化理論的實證結果也受到一些學者批評。例如，學者 Hughes（1980）和 Hirsch（1980）重新分析 Gerbner 作研究時所用的資料，他們發現，若同時控制許多不同的變項，電視的影響力就很微小。因此，Hirsch（1980）認為，涵化理論是有趣、但未證實的假設。

雖然，許多學者批評涵化理論[8]（Comstock et al., 1978;

8　根據涵化理論，觀看電視的數量是閱聽人在建構社會真實時，相當重要的影響因素，因為，看較多電視者，對社會的信念，絕不同於看較少電視者。不過，電視並非是吸塵器，也並非對每個人都有相同的影響，個人的發展階段、性別、種族以及社經背景等都有其作用。因此，有些學者批評涵化理論基本上是使用相關分析，但因果方向並未清較楚建立，雖然看較多電視者會發展出對世界的某些相同看法，但觀看者先前的知識、節

Newcomb, 1978; Hughes, 1980; Hirsch, 1980, 1981），但是，Gerbner 等學者的研究，從方法上解決電視內容與閱聽人之間關係性的問題，且逐年累積資料予以分析，為媒介的長期效果研究提供最佳範例，此為其值得肯定之處（翁秀琪，1992）。

另外一些理論，雖然不是電視暴力研究的主流，仍須加以瞭解，這些理論為：

八、強化理論（reinforcement theory）

雖然，美國參議院委員會於 1956 年發佈的報告指出，電視暴力可能對青少年有潛在的危險（Rubinstein, 1981），但學者 Klapper 卻持不同的看法，他在 1960 年針對大眾傳播的效果作研究後，認為少年犯罪與媒體中的犯罪和暴力並無關連，不過，他表示媒體極可能強化閱聽人本身善或惡的傾向（Klapper, 1960）。

根據學者 Defleur 和 Ball-Rokeach 的闡釋，強化作用就是兒童和青少年在觀看電視暴力之前，對於暴力行為早就存有某種定型的觀念與想法，而暴力內容只是強化這些既存的觀念和想法（Defleur & Ball-Rokeach, 1982，轉引自林東泰，1997）。Defleur 和 Ball-Rokeach 認為，電視暴力對兒童、青少年攻擊行為的影響只具有強化的作用而已。

目選擇和知覺節目的真實程度等，都可能比電視節目本身更為重要。此外，發展上的差異也應加以考慮，例如，一個看很多電視的 4 歲兒童，其接收的資訊絕不同於 14 歲或 40 歲者，不僅在觀看電視的動機和需求上有所差別，而且，他們瞭解、保存以及解讀資訊的能力也不相同，因此，僅以觀看電視的數量說明涵化效果是不夠的（Potter, 1986，轉引自吳知賢，1998）。

　　強化理論的支持者，主要是受到 Klapper 的媒介效果有限論的影響，認為電視媒體對於兒童、青少年的影響，未必如一些憂心人士所想像的那麼大，而只是強化他們原有的信念、態度和行為而已（林東泰，1997）。

九、倒果為因理論（reverse causality）

　　學者 McGuire 提出三種倒果為因的思考方向，認為是因為個人本身的高侵略性而導致收看較多的暴力節目，而不是因為看太多電視暴力而造成攻擊行為（林東泰, 1997）。這三種不同的思考方向為：

（一）閉鎖理論（ostracism theory）：有些侵略性較強的人，常常將自己和社會分隔，自我封閉於社會之外，整天躲在家裡以看電視為主要活動，因此當然看很多電視節目。

（二）僻好理論（predilection theory）：有些侵略性較強的人，原本就對暴力節目有較多的僻好，因此會觀看許多電視暴力節目。

（三）傳統性格理論（conventionality theory）：具有傳統性格的人，即使有侵略傾向，還是寧願待在家中看電視暴力節目，而不願走向街頭去鬧事。

十、無害理論（Null Hypothesis）

　　電視暴力和攻擊行為並無顯著關連，因為形成社會暴戾風氣的因素很多，無法完全歸罪於觀看電視暴力節目（Heller & Polsky, 1973，轉引自 Cater & Strickland, 1975）。

貳、電視暴力相關理論之比較

在比較電視暴力的相關理論之後，發現各個理論之間的觀點和闡釋，有許多是互補的，也有許多是相互矛盾的。

一、互補的理論

社會學習理論、社會認知理論和認知連結理論是互補的，它們之間的相似性比差異性還多（Potter, 1999）。

社會學習理論，雖以論述學習攻擊行為的行為效果為主，但也論及認知效果。而認知連結理論，雖以論述攻擊想法連結的認知效果為主，但也論及行為效果。

此外，這些理論都主張，「環境」因素是主要的「刺激」，引發媒介效果從認知效果導向行為效果的過程（Potter, 1999）。

二、相互矛盾的理論

社會學習理論和淨化理論的許多觀點和闡釋是相互矛盾的。其主要差異，詳述如下（並製成圖表三-1，請參閱）：

（一）在人類行為起源問題上的論點

首先，在最根本的人類行為起源的問題上，兩種理論的論點極為不同。

提出社會學習理論的 Bandura，堅決反對任何形式的本能論而主張學習論，認為人類個體並非天生就擁有一個行為庫，一切行為方式都是後天學習的結果，攻擊行為亦如此（高申春，2001）。

　　而提出淨化理論的 Feshbach，則以本能論和驅力論[9]解釋人類攻擊行為的起源，認為表現攻擊行為是發洩或排除某種必然存在於人生命中的力量的管道。本能論和驅力論認為，攻擊行為是不可避免的，只不過，內部的攻擊衝動，並非以其主體承擔者直接表現攻擊行為，為唯一的發洩途徑；它也可以透過其主體承擔者在觀看別人的攻擊行為過程中，間接的得到發洩。

（二）對「幻想」的闡釋

　　社會學習理論和淨化理論對「幻想」的闡釋，也是截然不同、相互矛盾的。

　　社會學習理論認為，透過不斷的沉思、幻想和反覆練習，攻擊範本得以進一步被儲存和記憶，因而，日後行使此攻擊範本的機率會增加。

　　而淨化理論認為，透過幻想，生氣的個體，可以處罰或教訓令他憤怒的人，其情緒激動程度因而減少，因此，將憤怒化為攻擊行動的機率會降低。

　　此外，在社會學習理論中，幻想的功能是強化攻擊範本的儲存和記憶，因而增加表現攻擊行為的機率；而在淨化理論中，幻想的功能是排除激動的情緒，進而減少表現攻擊行為的可能性。

---

[9]　關於攻擊行為，在 Bandura 提出社會學習理論之前，心理學已經形成一些理論體系，這些理論體系從觀點上可分為本能論和驅力論。攻擊本能論的核心思想認為，一切形式的攻擊行為，都是行為主體內部的某種本能力量決定的。參閱《人性輝煌之路：班度拉的社會學習理論》，高申春（2001）著。

（三）「電視暴力如何對閱聽人產生抑制作用」的觀點

關於電視暴力如何對閱聽人產生抑制作用，社會學習理論和淨化理論的觀點差異也很大。

社會學習理論注重暴力內容，認為不同的內容，透過觀看者本身具有的抑制機制，而對閱聽人產生不同程度的抑制作用，決定閱聽人是否表現已學會的攻擊行為範本。

然而，淨化理論認為，電視暴力是因觀看者的恐懼心理而產生抑制作用，閱聽人因為害怕暴力和暴力的可能後果，且因為具有攻擊衝動和表現攻擊行為而焦慮，因此會避免行使攻擊行為，以減少恐懼。

（四）「閱聽人觀看電視暴力的感覺」的看法

兩種理論對「閱聽人觀看電視暴力的感覺」的看法，有如天壤之別。

根據社會學習理論，觀看電視暴力會提供攻擊行為範本給閱聽人。而我們社會從我們很小的時候就教導我們要壓抑攻擊傾向，因此，觀看電視暴力時，閱聽人如果感覺愉悅，就會產生社會罪惡感（Bandura & Walters, 1963）。就社會學習理論而言，閱聽人對觀看電視暴力的感覺是不愉悅的。

而淨化理論者認為，觀看電視暴力得以排除攻擊衝動，進而減緩緊張、產生滿足，因此，閱聽人觀看電視暴力時的感覺是愉悅的。

〈圖表三-1〉：在一些觀點的闡釋上，社會學習理論與淨化
理論之差異

	社會學習理論	淨化理論
人類行為的起源	學習論	本能論和驅力論
「幻想」的功能	強化攻擊範本的儲存和記憶	排除激動的情緒
如何產生抑制作用	閱聽人本身的抑制機制	恐懼心理
觀看電視暴力的感覺	有罪惡感、不愉悅的	愉悅的

（資料來源：研究者整理）

參、結語

各個理論之間相異的觀點和闡釋是發展更多其他理論的
基礎。例如，Berkowitz 質疑 Feshbach 的淨化理論而從事的實
驗結果與淨化理論的結果不同，受測者表現出更多的攻擊行
為，Berkowitz 因而發展出暗示理論（cue theory）；另外，
Zillmann 質疑 Berkowitz 的暗示理論而從事的實驗發現，暴力
和色情的內容都會強化攻擊行為，因此，Zillmann 認為，情緒
激發（arousal）比暗示（cue）更可能成為引發攻擊行為的因
素，而發展出興奮轉移理論（Potter, 1999）。

　　此外，雖然，社會學習理論與淨化理論，在人類行為的起源、「幻想」的功能、閱聽人如何產生抑制作用以及閱聽人觀看電視暴力時的感覺等觀點上的闡釋截然不同，不過，兩種理論的闡釋差異，反而針對電視暴力是否會對閱聽人產生攻擊行為的影響，提供不同思維的多元看法，有助於研究者從較廣的角度瞭解相關議題。

　　總而言之，針對理論作探討，研究者得以瞭解現存理論的優缺點，進而發展出能夠為複雜的現象提出更多元、更適切的闡釋的理論。

第三章之參考書目

一、中文部份：

1.　吳知賢（1998）。《兒童與電視》。台北：桂冠圖書股份有限公司。

2.　林東泰（1997）。《大眾傳播理論》。台北：師大書苑有限公司。

3.　高申春（2001）。《人性輝煌之路：班度拉的社會學習理論》。台北：貓頭鷹出版社。

4.　翁秀琪（1992）。《大眾傳播理論與實證》。台北：三民書局。

5.　鄭明椿譯（1994）。《美國電視的源流與演變》。台北：遠流出版公司。

二、英文部份：

1.　Abelson, R.P. （1976）. Script processing in attitude formation and decision-making. In J. Carroll & J. Payne （Eds.）, *Cognition and social behavior* （pp.33-45）. Hillsdale, NJ: Erlbaum.

2.　Bandura, A. （1965）. Influence of models' reinforcement contingencies on the acquisition of imitative responses. Journal of Personality and Social Psychology, 1, 589-595.

3.　Bandura, A. （1986）. *Social foundations of thought and action: A social cognitive theory*. Englewood Cliffs, NJ:

Prentice Hall.

4. Bandura, A., Ross, D., & Ross, S.A. （1963a）. Imitation of film-mediated aggressive models. Journal of Abnormal and Social Psychology, 66, 3-11.

5. Bandura, A., Ross, D., & Ross, S.A. （1963b）. Vicarious reinforcement and imitative learning. Journal of Abnormal and Social Psychology, 67, 601-607.

6. Berkowitz, L. （1962）. *Aggression: A social psychological analysis.* New York: McGraw-Hill.

7. Berkowitz, L. （1965）. Some aspects of observed aggression. Journal of Personality and Social Psychology, 2, 359-369.

8. Berkowitz, L. （1969）. The frustration-aggression hypothesis revisited. In L. Berkowitz （Ed.）, *Roots of aggression: Re-examination of the frustration-aggression hypothesis.* New York: Atherton Press.

9. Berkowitz, L. （1974）. Some determinants of impulsive aggression: role of mediated associations with reinforcements for aggression. Psychological Review, 81, 165-176.

10. Berkowitz, L. （1984）. Some effects of thoughts on anti- and prosocial influences of media events: a cognitive-neoassociation analysis. Psychological Bulletin, 95 （3）, 410-427.

11. Berkowitz, L. （1986）. Situational influences on reactions to observed violence. Journal of Social Issues, 42, 93-106.

12. Berkowitz, L. （1990）. On the formation and regulation of

anger and aggression: A cognitive neoassociationistic analysis. American Psychologist, 45, 494-503.

13. Bryant, J., Carveth, R.A., & Brown, D. （1981）. Television viewing and anxiety: An experimental examination. Journal of Communication, 31（1）, 106-119.

14. Bushman, B., & Geen, R. （1990）. Role of cognitive-emotional mediators and individual differences in the effects of media violence on aggression. Journal of Personality and Social Psychology, 58, 156-163.

15. Cater, D. & Strickland, S.P. （1975）. *TV violence and child: the evolution and fate of the Surgeon General's report.* New York: Rusell Sage Foundation.

16. Feshbach, S. （1955）. The drive-reducing function of fantasy behavior. Journal of Abnormal and Social Psychology, 50, 3-11.

17. Feshbach, S. （1961）. The stimulating versus cathartic effects of vicarious aggressive activity. Journal of Abnormal and Social Psychology, 63, 381-385.

18. Feshbach, S., & Singer, R.D. （1971）. *Television and aggression: An experimental field study.* San Francisco: Jossey-Bass.

19. Geen, R.G. （1994）. Television and aggression: Recent developments in research and theory. In D. Zillmann, J. Bryant, & A.C. Huston （Eds.）, *Media, children and the family* （pp.151-162）. Hillsdale, NJ: Erlbaum.

20. Gerbner, G. & Gross, L. （1976）. Living with television: The

violence profile. Journal of Communication, 26(1), 173-199.

21. Gerbner, G., Gross, L., Morgan, M., & Signorielli, N.
（1994）. Growing up with television: The cultivation
perspective. In J. Bryant & D. Zillmann （Eds.）, *Media
effects: Advances in theory and research* （pp. 17-41）.
Hillsdale, NJ: Erlbaum.

22. Gunter, B. （1994）. The question of media violence. In J.
Bryant & D. Zillmann （Eds.）, *Media effects: Advances in
theory and research* （pp. 163-211）. Hillsdale, NJ: Erlbaum.

23. Hirsch, P. （1980）. The scary world of the non viewer and
other anomalies: Re-analysis of Gerbner et al's findings on the
cultivation hypothesis. Communication Research, 7, 403-456.

24. Huesmann, L.R. （1986）. Psychological processes promoting
the relation between exposure to media violence and
aggressive behavior by the viewer. Journal of Social Issues,
42, 125-140.

25. Huesmann, L.R. （1988）. An information processing model
for the development of aggression. Aggressive Behavior, 14
（1）, 13-24.

26. Huesmann, L.R. （1998）. The role of social information
procession and cognitive schemas in the acquisition and
maintenance of habitual aggressive behavior. In R.G. Geen &
E. Donnerstein （Eds.）, *Human aggression: Theories,
research, and implication for policy* （pp. 73-109）. New
York: Academic Press.

27. Hughes, M. （1980）. The fruits of cultivation analysis. Public Opinion Quarterly, 44, 287-302.

28. Jo, E., & Berkowitz, L. （1994）. A priming effect analysis of media influences: An update. In J. Bryant & D. Zillmann （Eds.）, *Media effects: Advances in theory and research* （pp. 43-60）. Hillsdale, NJ: Erlbaum.

29. Klapper, J.T. （1960）. *The effects of mass communication.* New York: Free Press.

30. Liebert, R.M., & Sprafkin, J. （1988）. *The early window: Effects of television on children and youth.* New York: Pergamon Press.

31. Paik, H., & Comstock, G. （1994）. The effects of television violence on antisocial behavior: A meta-analysis. Communication Research, 27, 258-284.

32. Potter, W.J. （1999）. *On media violence.* Thousand Oaks, CA: Sage.

33. Rubinstein, E.A. （1981）. Television violence: A historical perspective. In E.L. Palmer & A. Dorr （Eds.）, *Children and the faces of television: Teaching, violence, selling.* New York: Academic Press.

34. Signorielli, N., & Morgan, M. （Eds.）. （1990）. Cultivation analysis: New directions in media effects research. Newbury Park, CA: Sage.

35. Singer, J.L., Singer, D.G., & Rapaczynski, W. （1984）. Family patterns and television viewing as predictors of

children's beliefs and aggression. Journal of Communication, 34（2）, 73-89.

36. Strasburger, V.C. & Wilson, B.J. （2002）. *Children, adolescents, and the media.* Thousand Oaks, CA: Sage.

37. Tannenbaum, P.H. （1971）. Emotional arousal as a mediator of communication effect. *Technical reports of the commission on obscenity and pornography （Vol.8）*. Washington, D.C.: U.S. Government Printing Office

38. Zillmann, D. （1971）. Excitation transfer in communication-mediated aggressive behavior. Journal of Experimental Social Psychology, 7, 419-434.

39. Zillmann, D. （1991）. Television viewing and physiological arousal. In J. Bryant & D. Zillmann （Eds.）, *Responding to the screen* （pp. 103-133）. Hillsdale, NJ: Erlbaum.

第四章　電視暴力與攻擊行為的關連（上）

壹、支持兩者之關連的文獻

電視暴力對閱聽人的影響，是社會科學領域中經常研究的主題之一（Health, Bresolin, & Rinaldi, 1989; Paik & Comstock, 1994）；而其中，電視暴力是否引發閱聽人產生攻擊行為，更是佔絕大部分。

自 1950 年代開始，社會學者就一直在探究電視暴力與攻擊行為的關連。1960 年代時，許多實驗研究的結果都相當一致，支持兩者之間的關連，例如，Bandura 和 Walters（1963）以及 Berkowitz（1962, 1969）的研究等。

而到了 1970 年代和 1980 年代，電視暴力與攻擊行為的關連，更成為相關研究的主軸，其中，絕大多數出自心理學者的研究；而且，大多數的心理學者都有此共識——觀看電視暴力會增加閱聽人產生攻擊行為的可能性。

例如，Atkinson（et al., 1983）等學者，對電視暴力與攻擊行為的關連相當確定。他們認為，雖然，一些心理學者質疑電視和電影在真實生活上影響人們行為的程度，但是，大部份的研究都明確指出，觀看電視暴力確實會增加人與人之間的攻擊行為，特別是對年紀較輕的兒童而言，更是如此。

此外，Evans 和 McCandless（1978）也確信電視暴力與攻擊行為的關連，他們表示：「不管是在實驗室或是在真實生活

的情境下，我們都有充份的證據顯示，觀看電視暴力會增加
閱聽人產生攻擊行為的可能性。」

甚至，更早些由美國政府主導的大規模研究 the Surgeon
General's Report（1972）也指出，觀看電視暴力與攻擊行為之
間有基本的關連，但是，只適用於某些原本就有攻擊傾向的
兒童。其後的許多研究都支持上述的結論，但不認同只適用
於某些兒童的說法（Rubinstein, 1981）。

後來，1979 年時，一群學者再度集會，認為應重新檢視
the Surgeon General's Report，於是在 the National Institute of
Mental Health 的支持下，於 1982 年出版新的報告，名為
Television and behaviors: Ten years of scientific progress and
implications for the eighties（簡稱為 the NIMH Report），報告
中再度証明電視暴力與攻擊行為的關連（吳知賢，1992）。而
且，the NIMH Report（1982）針對電視暴力造成攻擊行為所
作的結論比 the Surgeon General's Report（1972）更為明確，
在兩大冊的許多章節中重複提及。

另外，Andison（1977）、the American Psychological
Association（1985）、Centerwall（1989b）、Comstock 和 Paik
（1991），與 Wood、Wong 和 Chachere（1991）以及 Paik 和
Comstock（1994）等使用 meta-analysis 的研究，都作成這樣
的結論：電視暴力會促使閱聽人產生攻擊行為（請參閱 pp.
98）。

而且，許多研究都證實，接觸電視暴力的兒童會受暴力
內容的影響。例如，學者 Vooijs 和 Van der Voort（1993）認為，
電視節目中對暴力的描述，會增加兒童觀眾表現攻擊行為的

可能性。此外，他們也認為，電視暴力針對社會真實這方面所提供的想法是錯誤的，而且，電視暴力會減少如幫助與分享等利社會行為。

　　英國學者 Sims 和 Gray 也有相同的看法。針對 1000 篇以上的文獻作分析，Sims 和 Gray 的研究指出，觀看電視暴力和攻擊行為確實有關，因為觀看電視暴力會使兒童從中模仿一些無法由文字媒介所引發想像的行為（Sims & Gray, 1993，轉引自吳知賢，1998）。

　　此外，學者 Ledingham（1996）調查許多針對媒體暴力所作的研究，結果發現許多電視暴力效果的研究結果是相當一致的。她引用 Huesmann 和 Eron（1986）的研究，認為兒童藉由觀看攻擊行為，發展新的攻擊行為方式，也藉著觀看攻擊行為，判斷對他人使用攻擊行為，是否會受到獎賞或懲罰。她並引用 Joy, Kimball 和 Zabrack（1986）的研究，發現兒童在首次接觸電視的兩年後，的確明顯變得較具攻擊性（請參閱 pp. 93-94）。

　　而除了社會科學研究者，針對電視暴力與攻擊行為的關連作研究外，1990 年代開始，媒體暴力問題更被視為是公共衛生問題，因此，許多醫學機構也加入這個研究領域。從 1990 年到 1996 年的這段時間，the American Medical Association、the American Academy of Pediatrics、the American Academy of Child and Adolescent Psychiatry 以及 the National Institute of Mental Health 均從事電視暴力與攻擊行為之關連的相關研究。傳播學者 Dale Kunkel 說，「所有研究都顯示，電視暴力是造成真實世界暴力的因素」（Mifflin, 1999, May 9）。

另外，疾病控制和防範中心（Centers for Disease Control and Prevention）也大規模的檢視許多研究的結果，並作成電視暴力對兒童有害的結論（Centers for Disease Control and Prevention, 1991）。而且，the American Psychological Association's Commission on Violence and Youth 在 1993 年的報告，更以 Eron 和其他學者的一項令人信服的長期固定樣本研究結果（請參閱 pp. 89-90）為例指出，經常觀看電視暴力與閱聽人對攻擊行為的容忍度提高和攻擊行為的增加，是絕對有關連的。

此外，美國醫學協會（the American Medical Association）名為"Physician Guide to Media Violence"（1996）的手冊，進一步強調接觸媒體暴力與攻擊行為之間的直接關連。此外，美國小兒科學會公共教育委員會（The Committee on Public Education of the American Academy of Pediatrics，簡稱 AAP），針對媒體暴力對兒童的影響發表一項政策宣言；此項政策宣言明白指出，媒體暴力與攻擊行為的關連。

貳、不同研究方法的研究成果

自 1950 年代開始，社會科學研究者就一直試圖瞭解觀看電視暴力與攻擊行為的關係，他們運用實驗研究（Laboratory experiments）、實地研究（Field experiments）、關連研究（Correlational surveys）、長期固定樣本研究（Longitudinal panel studies）、自然研究（Natural experiments）以及綜覈分析

法（Meta-analysis）[10]等不同的研究方法，以探究這兩者之間是否具有關連。

一、實驗研究（Laboratory experiments）

實驗研究，以檢視電視暴力的短期效果為主，特別是觀看電視暴力對閱聽人的攻擊行為影響；大部份的實驗研究結果都顯示，觀看電視暴力的閱聽人，更傾向於表現攻擊行為。

Liebert 和 Baron（1972）使用攻擊機器（Aggression Machine）作為衡量的工具，對 136 名 5 歲到 9 歲的男女兒童進行研究。他們將兒童分為兩組，分別觀看暴力或非暴力影片；之後，兒童被帶至實驗室內並被告知，他們面前的紅色按鈕會使另一個房間內的兒童感到熱痛，而綠色按鈕則會幫助那個兒童。研究結果顯示，在不同的年齡組中，男童、女童的情形都一樣，看暴力影片者按紅色按鈕的比例，遠超過看非暴力影片者（吳知賢，1992）。

雖然，多數的實驗研究結果都認為，觀看電視暴力與攻擊行為的關連相當高，不過，一些學者認為，實驗室中與自然情境中行使暴力行為的情境非常不同，因此，對於實驗研究的結果提出質疑（Freedman, 1984; Cook et al, 1983）。例如，針對實

---

[10] 國內學術界又將"meta-analysis"翻譯為「後設分析法」，在此，採用學者林東泰的譯法——「綜叢分析法」。社會科學研究者使用此分析法，綜合整理過去既有的研究成果：試圖藉由社會科學的方法，以確認在某個特定的問題上，基於過去的研究發現，尤其是面對各種錯綜複雜、甚至相互矛盾或衝突的研究實證時，應如何看待（林東泰，1997）。

驗研究作廣泛的文獻探討後，學者 Freedman（1984, 1986）提
出實驗研究的結果並不適用於自然情境中的三個因素。

　　首先是攻擊行為的測量方式。實驗研究中，以打一個娃
娃或按一個按鈕，作為攻擊行為的判斷依據，然而，這些並
不是真正的暴力行為。而且，並沒有考慮到，在自然情境中，
暴力行為可能導致受到處罰或遭到報復的情況，這也使得攻
擊行為的測量結果不盡準確。

　　雖然，學者 Friedrich-Cofer 和 Huston（1986）認為，實驗
研究中的類比測量方式並無不妥，而且具有相當程度的有效
性，不過，這種看法的說服力，並不足以與 Freedman 的批評
相抗衡（Primavera & Herron, 1996）。

　　另外，Freedman 認為，實驗研究結果無法作廣泛推論的
第二個因素是，實驗研究大都涉及實驗者的要求。因為實驗
者選擇影片，受測者可能認為，實驗者贊同影片中所描述的
暴力行為，而且，因為實驗者建構可能發生暴力行為的情境，
受測者因此推論，實驗者或許會贊同其暴力行為。

　　而第三個因素是，實驗研究中，影片的選擇。大部分的
實驗，只呈現少數的幾個節目，內容不是暴力就是非暴力，
因為受測者只接觸一種內容、而不是多種內容混合的節目，
因此，這個單一內容的節目，就顯得更醒目。在這種情況下，
單一內容節目所產生的效果可能被高估。在自然的情境中，
兒童通常同時接觸到多種內容的節目，因此，實在很難判定，
在自然情境下，暴力影片的效果，是否和實驗研究的結果一
致。

此外，學者 Gunter 與 McAleer（1997）也持相同的看法，認為實驗研究中與自然情境中的一些因素極為不同。例如，實驗研究使用的影片都非常短，通常只是幾分鐘；然而，閱聽人在自然情境中看電視的時間則通常為半個小時、一個小時或甚至更久。此外，在觀看影片後立即測量攻擊行為，因此，所研究的只是立即的、而非長期的效果。再者，在實驗的情境中，攻擊行為是被允許的，不須考慮在自然情境中，表現攻擊行為可能導致的後果，如受到同儕的報復或成人的處罰等。而且，攻擊行為的測量方式也非常不真實，通常以打一個娃娃或按一個按鈕，作為攻擊行為的判斷依據。

總而言之，實驗研究的主要問題是與自然情況差異太大，所以，不管就其情境、樣本或攻擊行為的測量方式等而論，都不具代表性。因此，實驗研究因為可以控制許多變項而具有推論因果關連的優點，在自然情境中則蕩然無存（Gunter & McAleer, 1997）。

二、實地研究（Field experiments）

雖然，多數的實驗研究，支持觀看電視暴力增加攻擊行為的假設，但是，因為實驗研究的結果受到質疑，因此，學者採用實地研究，以探究這個假設在實驗室外，是否可以得到證明。

Feshbach 和 Singer（1971）的研究，以紐約和加州的 3 所私立中學和 4 所收容所的 400 名青少年為樣本。他們隨機的將樣本分為兩組，分別觀看暴力的或非暴力的電視節目，每人每週看 6 個小時的節目，連續 6 週；並在這一段時間內，

觀察和測量他們在自然情境下的攻擊行為。結果發現，具攻擊性的男孩的確可以透過觀看電視暴力，排除本身的攻擊衝動，因而隨後不表現出攻擊行為。

不過，Feshbach 和 Singer（1971）的研究遭到許多批評（Liebert, Sobol & Davidson, 1972，轉引自吳知賢，1992），其中，最主要的批評是，被分在非暴力組的受測者表示，他們不喜歡所觀看的節目，因此，他們的氣憤可能導致攻擊行為增加。

另一個類似的研究，學者 Friedrich 和 Stein（1973）將一個夏令營的兒童，隨機的分成三組，每組兒童每天分別觀看攻擊性的、利社會的或中性的電視節目，連續十二天；研究者就在這段期間的自由活動時間，測量兒童不同形式的攻擊行為。研究結果發現，不論所觀看的是攻擊性的、利社會的或中性的電視節目，三組兒童所測得的攻擊行為並無差異。

不同於多數實驗研究的結果，一致的支持觀看電視暴力與攻擊行為的關連，學者 Freedman（1984）檢視一些實地研究，發現其研究結果相當不一致，而且，只有少數的研究顯示，觀看電視暴力與攻擊行為之間的微小關連。他因此作成這個結論：整體而言，針對電視暴力與攻擊行為的關連，實地研究結果只提供相當薄弱的證明。

同樣檢視一些探究電視暴力對攻擊行為影響的實地研究，Gadow 和 Sprafkin（1989）作成的結論與 Freedman 的結論相同；他們也認為，實地研究的結果，並不支持觀看電視暴力引發攻擊行為的假設。

由於，許多實地研究無法就電視暴力與攻擊行為的關連達成一致的、肯定的結論，為了解釋這樣的現象，於是，一些研究者提出這個假設：電視暴力只會增加原本就具有暴力傾向的閱聽人的攻擊程度。不過，求證這個假設的研究結果也不一致（Freedman, 1984, 1986），因此，無法支持這個假設。

三、關連研究（Correlational surveys）

　　關連研究一致的發現，觀看電視暴力與攻擊行為之間具有很強的關連。例如，McIntyre 和 Teevan（1972）以及 Robinson 和 Bachman（1972）的研究，以調查青少年的電視觀看習慣與攻擊行為的關連為主；兩項研究都發現，觀看電視的確與較重大的暴力行為有關連（轉引自 Health et al., 1989）。另外一些探究觀看電視與嚴重的攻擊行為之關聯的研究，也有相同的發現（McLeod, Atkin, & Chaffee, 1972）。

　　而且，觀看電視暴力與攻擊程度的關連亦適用於兒童。一個以 9 歲至 13 歲的兒童為對象的研究發現，常看電視者在面對衝突的情況下，以具有攻擊性的解決方式回應的比例，是不常看電視者的兩倍（Atkin, Greenberg, Korzenny, & McDermott, 1979）。

四、長期固定樣本研究（Longitudinal panel studies）

　　長期固定樣本研究的目的是，探究長時間接觸電視對閱聽人的社會態度和行為的影響。通常，這類研究主張，觀看電視對個人攻擊程度的影響，會隨著年齡以及不斷的接觸電視暴力而增加。總而言之，這類研究注重電視暴力的長期累積效果。

　　大部份的長期固定樣本研究成果都發現，幼年時觀看電視暴力與後來攻擊傾向的發展有很強的關連。

　　NBC 的長期固定樣本研究（1970-1973），以 800 名 12 歲到 16 歲的青少年以及 2400 名 7 歲到 12 歲的兒童為對象，在美國明尼蘇達州的 Minneapolis 和德州的 Fort Worth 兩個城市從事研究，經過 3 年 6 次的調查，發現觀看電視暴力與攻擊行為的確有關連（吳知賢，1992）。

　　Belson（1978）以及 Singer 和 Singer（1981）的研究都認為，觀看電視暴力的確是攻擊行為的前兆，支持兩者之間的關連。

　　英國學者 Belson（1978）的研究，以探究電視暴力對青少年行為的影響為主。然而，Belson 的研究結果並沒有普遍被接受，甚至還遭受一些批評，質疑其研究資料的有效性，因為此研究資料是依賴受測者回憶十年前的電視觀看習慣和行為而取得的。

　　不過，Belson 的研究有一項重要的貢獻：此研究指出，某些節目型態對年紀輕的閱聽人的反社會行為有較顯著的影響，因此，單單檢視觀看電視暴力的數量是不夠的（Gunter & McAleer, 1997）。

　　自 1980 年代開始，電視暴力研究的重點，由原先探討電視暴力的數量，轉而探究暴力行為的描述方式和情境的趨勢，與 Belson 的研究可謂不謀而合。這個趨勢的發展，雖不能說是受到 Belson 的研究影響，但可以確定的是，Belson 的研究早一步提出這樣的概念，具有相當的貢獻。

　　此外，學者 Singer 和 Singer（1981）以美國康州 New Haven 地區 50 所公私立幼稚園的 141 名兒童為研究對象，研究時間約為一年，探討觀看電視暴力與攻擊行為的關連。研究結果顯示，不論對於男童還是女童而言，觀看電視暴力與攻擊行為的關連非常明顯，尤其是對看最多電視暴力的兒童而言，兩者的關連更為顯著。

　　另一個相當重要的長期固定樣本研究，研究時間超過 20 年，研究結果非常支持觀看電視暴力和攻擊行為的關連。

　　1960 年，學者 Eron 在紐約州哥倫比亞郡，針對 875 位 8 歲兒童，從事一項研究，試圖了解兒童產生暴力行為的因素。原本，Eron 想要研究的是，父母對待兒童的方式與兒童的攻擊行為之關連，卻無意中發現令人驚訝的結果：兒童的攻擊行為和觀看電視暴力的數量有關。

　　1970 年，the U.S. Surgeon General 成立一個專門研究「電視與社會行為」的委員會，要求 Eron 重新針對他於 1960 年在紐約州哥倫比亞郡所取得的 875 個原始樣本再作研究。

　　因此，1971 年，Eron 等學者從 875 個原始樣本中找到 500 位目前 19 歲的青少年作追蹤研究，研究發現，8 歲時觀看電視暴力與 19 歲時的攻擊行為的關連甚至比 8 歲時觀看電視暴力與 8 歲時的攻擊行為的關連還高（Lefkowitz, Eron, Walder, & Huesmann, 1972）。研究結果顯示，觀看電視暴力對日後攻擊行為的長期影響，充分說明電視暴力的長期累積效果。

　　1982 年，也就是 Eron 於 1960 年取得原始樣本的 22 年後，此時樣本已經 30 歲，研究顯示在 8 歲時觀看電視暴力與 22

年後樣本所犯的罪行有非常明顯的關連，充分說明攻擊行為是在很小的時候就學到的一種習慣（Huesmann, Eron, Lefkowitz, & Walder, 1984）。

Eron 和其他學者的這項長期固定樣本研究結果，非常具有信服力，據此，the American Psychological Association's Commission on Violence and Youth 在 1993 年的報告中就指出，經常觀看電視暴力與閱聽人對攻擊行為的容忍度提高和攻擊行為的增加，是絕對有關連的。

此外，Johnson（et al., 2002）等學者的長期固定樣本研究，以同一社區內的 707 人為樣本，研究時間長達 17 年；研究發現，對青少年以及成人初期的閱聽人而言，觀看電視的時間與攻擊行為的關連是非常顯著的。而且，在控制樣本的一些因素，如原先的攻擊程度（請參閱圖表四-1）、兒童時期被忽視、家庭收入、居家附近的暴力情況、父母的教育程度以及精神方面的疾病等後，兩者的關連依然顯著。

〈圖表四-1〉：原本不同攻擊程度的男性和女性，平均年齡 14
歲時，觀看電視的時數與平均年齡 16 歲或 22
歲時，對他人行使攻擊行為的普遍程度之關連

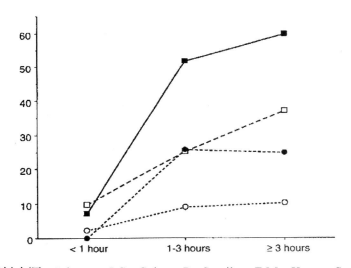

資料來源：Johnson, J.G., Cohen, P., Smailes, E.M., Kasen, S., &
Brook, J.S. （2002）. Television viewing and aggressive
behavior during adolescence and adulthood. Science, 295,
pp. 2468-2471.

說明：（1）X 軸為──平均年齡 14 歲時，每天觀看電視的時
數，Y 軸為──平均年齡 16 歲或 22 歲時，對他人
行使攻擊行為的普遍程度（％）
（2）實心小方塊代表原先具有攻擊行為的男性，空心小
方塊代表原先沒有攻擊行為的男性；實心小圓圈代
表原先具有攻擊行為的女性，實心小圓圈代表原先
沒有攻擊行為的女性

圖表四-1 清楚的顯示，不論原先是否具有攻擊行為，男性和女性閱聽人對他人行使攻擊行為的普遍程度，都會因觀看電視時數的增多而增加。雖然如此，不過，就女性閱聽人而言，特別是原先沒有攻擊行為者，觀看電視的時數與對他人行使攻擊行為的普遍程度之關連並不如男性閱聽人般明顯；研究者認為，這個現象是因為女性之間的攻擊行為本來就比較少。

而這個研究結果與學者 Hearold（1986）的研究結果——電視暴力的攻擊行為效果對 10 歲以上的女孩而言愈來愈小，因為社會期望女孩變得溫柔端莊、具有女性特質（請參閱 pp. 96-97），相互呼應。

而學者 Anderson 和 Bushman（2002）認為，Johnson（et al., 2002）的研究具有三個重要的意義。首先，這是第一個以青少年和成人初期的閱聽人為研究對象，探究其觀看電視的時間與攻擊行為之關連的長期固定樣本研究，研究結果推翻以往認為電視暴力只會影響兒童的看法。其次，此研究包含 707 個家庭，研究樣本數較大，而且研究時間長達 17 年，因此，可以針對接觸電視暴力與真實生活中嚴重的暴力行為如攻擊和搶劫等的關連，進行測試。再者，在統計上控制一些被認為會影響攻擊行為的主要因素（如兒童時期被忽視、家庭收入、居家附近的暴力情況、父母的教育程度以及精神方面的疾病等），研究者得以排除許多其他可能的闡釋。

五、自然研究（Natural experiments）

一些學者的研究，以電視被引進社區後，兒童暴力程度的增加，作為觀看電視暴力與攻擊行為之關連的證明。

　　學者 Joy、Kimball 和 Zabrack（1986），以加拿大的三個社區作研究，其中之一位居山巔，直到 1974 年才能收看電視，另一個社區只能看到一個頻道的節目，而第三個社區，除了可收看本國節目外，還可以收看美國三大電視網的節目。

　　此研究以電視被引進新社區前、後兩年的兩個階段，比較新社區內兒童的暴力程度與原本已經有電視的兩個社區內兒童的暴力程度。

　　研究發現，在電視被引進新社區前的這個階段，不論原先是否有電視，三個社區內兒童的暴力程度基本上沒有差別。然而，在引進電視兩年後，新社區內兒童的暴力程度，比另外兩個原本就有電視的社區內兒童的暴力程度來得高。而且，只有新社區內的兒童，在引進電視兩年後比引進電視前，攻擊行為明顯的增加（請參閱圖表四-2）。

〈圖表四-2〉： 在引進電視 2 年後，3 個不同的社區內兒童
的暴力程度

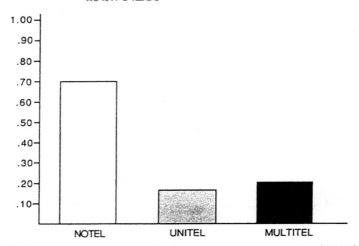

資料來源：Joy, L.A., Kimball, M. M., & Zabrack, M.L. （1986）.
Television and children's aggressive behavior. In T.M.
Williams （Ed.）, *The impact of television: A natural
experiment in three communities*（pp. 303-360）. Orlando,
FL: Academic Press.

說明：X 軸分別以 NOTEL、UNITEL 和 MULTITEL 代表剛被
引進電視的社區、可以收看一個頻道節目的社區以及可
以收看多頻道節目的社區；Y 軸代表攻擊反應的數值

　　此外，以加拿大印地安人的 Cree 社區為研究對象，學者
Granzberg（1982）表示，電視被引進後，該社區的兒童打架的
情形變多、使用危險的武器和傷害同儕的行為也變多。研究結
果明確顯示，在引進電視後，該社區兒童的暴力程度增加。

學者 Centerwall 則以流行病學的觀點，探究電視暴力的攻擊行為效果。他假設，兒童時期接觸電視，在 10 到 15 年後，電視造成的行為效果，在兒童長大後的成人階段，仍然會很明顯。

Centerwall（1989a）研究南非在 1975 年引進電視後的暴力殺人事件的比例，結果發現，到了 1983 年，暴力殺人事件的比例，相較於 1974 年，也就是電視被引進南非的前一年，增加了 56%，而到了 1987 年，則增加了 130%。研究結果證明，接觸電視確實是暴力行為增加的因素之一。

六、綜覽分析法（Meta-analysis）

一些使用 meta-analysis 的研究，都作成這樣的結論：電視暴力會引發閱聽人產生攻擊行為，如 Andison（1977）、Dorr 和 Kovaric（1980）、Hearold（1986）以及 Centerwall（1989）等研究。

學者 Andison（1977）以 meta-analysis 的方法，評估從 1956 年到 1976 年，運用實驗研究、實地研究和調查研究等不同研究方法，探討電視暴力與攻擊行為之關連的 67 份研究。他並依據這些研究的結果，將電視暴力與攻擊行為的關連分為：弱的負關連（weak negative）──電視暴力使閱聽人的攻擊行為減少、沒有關連（no relationship）、弱的正關連（weak positive relationship）、中的正關連（moderate positive relationship）和強的正關連（strong positive relationship）等五種。Andison 的結論為，電視暴力確實會引發閱聽人的攻擊行為，兩者之間是「弱的正關連」的關係。

　　Dorr 和 Kovaric（1980）的研究指出，電視暴力的普遍性。他們表示，不論閱聽人的性別、年齡、社會階層、種族以及原先的攻擊程度為何，電視暴力對閱聽人都具有影響力。不過，影響的程度則取決於閱聽人接觸電視暴力的數量以及其所屬的次文化的規範；因此，看愈多電視暴力者以及愈習慣於攻擊策略者，受到電視暴力影響的程度也愈大。

　　另外，學者 Hearold（1986）綜合整理 230 份文獻，作成的結論與 Andison（1977）以及 Dorr 和 Kovaric（1980）的研究結論相似：文獻分析顯示，觀看電視暴力與反社會的態度和行為，具有不可否認的關連。

　　而且，Hearold 另外作成一些結論：

（一）對於 10 歲以內的男孩和女孩而言，電視暴力的攻擊行為效果大致相同；之後，隨著年齡的增長，電視暴力的攻擊行為效果，對男孩而言愈來愈大，然而，對女孩而言愈來愈小（請參閱圖表四-3）。Hearold 解釋，10 歲左右是對男孩和女孩的社會期望有顯著不同的時候，通常期望男孩變得強而有力、具有男子氣概，而期望女孩變得溫柔端莊、具有女性特質。

（二）與社會學習理論和激發理論的觀點吻合，具有正當性和近似真實的暴力，比不具正當性且攻擊者承受負面後果的暴力，更能誘發閱聽人的攻擊行為，產生更大的攻擊行為效果。

（三）即使在閱聽人未被激怒的情況下，電視暴力仍然具有引發閱聽人產生攻擊行為的效果。

〈圖表四-3〉： 對不同年齡的男孩和女孩而言，電視暴力的
攻擊行為效果

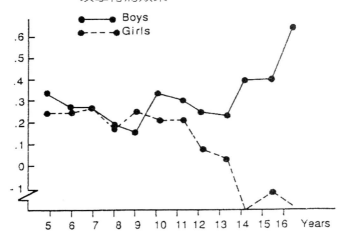

資料來源：Hearold, S. （1986）. A synthesis of 1043 effects of
televison on social behavior. In G. Comstock （Ed.）,
Public communications and behavior: Volume 1 （pp.
65-133）. New York: Academic Press.

說明：（1）X 軸代表年齡、Y 軸代表效果大小

（2）實線代表男孩、虛線代表女孩

Centerwall（1989b）檢視從 1972 年至 1986 年這段期間內
的 38 份有關電視暴力的研究，作成這個結論：接觸電視暴力
會增加個人的攻擊行為。

此外，1990 年代的一些類似研究，也都顯示電視暴力與真
實生活中攻擊行為的關連，如 Comstock 和 Paik （1991）以及
Wood、Wong 和 Chachere(1991)的研究，而且，Paik 和 Comstock
（1994）認為，對兒童、青少年而言，此關連程度更為顯著。

　　Comstock 和 Paik（1991）從 185 份使用不同方法的研究中，評估超過 1000 個項目比較後所得到的效果，結果發現，觀看電視暴力和攻擊行為的關連是非常強的。

　　Wood、Wong 和 Chachere（1991）從 23 份研究、30 個比較項目中，研究兒童、青少年在接觸電視暴力後，隨後在自然情境下的社會互動情況。研究發現，接觸電視暴力，的確會增加閱聽人與陌生人、同學和朋友互動時的攻擊行為。

　　Paik 和 Comstock（1994）檢視，從 1957 年至 1990 年的 217 份關於電視暴力對反社會行為效果的研究。這些研究的年齡層從 3 歲到 70 歲，其中百分之八十五的樣本的年齡層為 6 歲到 21 歲。分析的結果顯示，不論年紀大小，電視暴力與攻擊行為之間的關連是相當明顯的，而且電視暴力對學齡前幼童的影響更為顯著。

　　不同於以往的類似研究，以檢視反社會行為為主，Bushman 和 Anderson（2001）的研究，以檢視攻擊行為為主。他們從 212 份研究中，發現媒體暴力和攻擊行為的顯著關連。

　　學者 Bushman 和 Anderson（2001）以媒體暴力的攻擊行為效果[11]與一些科學研究的其他效果作比較，發現媒體暴力與攻擊行為的關連程度，甚至比一些以科學研究得到的、令人信服的其他效果的關連程度，如攝取鈣質與預防骨質疏鬆的關連以及使用保險套與減少因性行為感染愛滋病毒的關連，更為顯著（請參閱圖表四-4）。

---

[11]　學者採用 Paik 和 Comstock（1994）以 meta-analysis 的方式，針對電視暴力和反社會行為之關連所得到的數據 r = 0.31 作比較。

〈圖表四-4〉：媒體暴力的攻擊行為效果與一些其他領域的
效果之比較

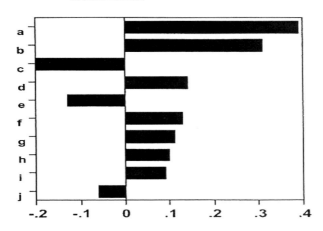

資料來源：Bushman, B.J. & Anderson, C.A.（2001）. Media violence and the American Public: Scientific facts versus media misinformation, American Psychologist, 56, 477-489.

說明：a-j 分別為一些科學研究的效果

　　　a--抽煙與肺癌的關連

　　　b--媒體暴力與攻擊行為的關連

　　　c--使用保險套與因性行為感染愛滋病毒的關連

　　　d--在工作場所吸二手煙與肺癌的關連

　　　e--兒童接觸鉛與 IQ 成績的關連

　　　f--尼古丁貼片與戒煙的關連

　　　g--攝取鈣質與骨質密度的關連

　　　h--家庭作業與學業表現的關連

　　　i--接觸石綿與喉癌的關連

　　　j--自我檢查與乳癌的關連

以圖表四-4 的「電視暴力與攻擊行為的關連程度」和「吸煙與肺癌的關連程度」作比較後[12]，Bushman 和 Anderson（2001）認為，電視暴力之於攻擊行為，就如同抽煙之於肺癌。

雖然，並非每個抽煙者都會得到肺癌，也並非每個得到肺癌者都是抽煙者，但是，由圖表中抽煙與肺癌的關連程度（r = 0.40）來看，甚至連製煙業者都同意，抽煙有很大的機率會導致肺癌。抽煙，雖然不是導致肺癌的唯一因素，但卻是重要因素。

以同樣的邏輯而言，雖然，並非每個觀看電視暴力者都會產生攻擊行為，也並非每個行使攻擊行為者都是電視暴力觀看者，但是，由圖表四-4 中媒體暴力與攻擊行為的關連程度（r = 0.31）來看，媒體暴力也有很大的機率會導致攻擊行為。觀看電視暴力，雖然不是產生攻擊行為的唯一因素，但卻是重要因素。

抽一根煙不會馬上得到肺癌，看一部暴力影片也不會立即成為攻擊者，抽煙和觀看電視暴力的效果是累積而成的，長期不斷的接觸就會造成有害的後果。

總而言之，就 meta-analysis 的許多研究成果而論，都發現電視暴力與攻擊行為之間的顯著關連，其關連程度大約介

---

[12] 媒體暴力與攻擊行為的關連程度是 0.31，雖然略低於抽煙和肺癌的關連程度 0.40，但其關連程度也相當顯著。根據 Cohen（1988），r = ±0.1 代表「小」關連程度、r = ±0.3 代表「中」關連程度、r = ±0.5 代表「大」關連程度（轉引自 Bushman & Anderson, 2001）。

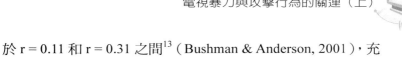

於 r = 0.11 和 r = 0.31 之間[13]（Bushman & Anderson, 2001），充分顯示電視暴力的攻擊行為效果。

不過，meta-analysis 雖就既有的研究成果加以綜合整理，然而，這種研究方法注重統計結果，在統計過程中平等看待所有研究的成果，而不考慮各個研究方法的缺點可能造成的研究結果的有效性等問題（Gauntlett, 1995）。

因此，為了有效改善 meta-analysis 的缺失，Bushman 與 Anderson（2001）收集 1975 年至 2000 年間探討媒體暴力與攻擊行為之關連的相關實驗研究和非實驗研究，並將兩種不同研究的成果分開統計（請參閱圖表四-5）；統計結果，就媒體暴力與攻擊行為之關連而論，雖然，非實驗研究成果的相關係數比實驗研究成果的相關係數小，但是，其相關係數都在 0.10 以上，仍具有顯著的關連性。而且，自 1995 年到 2000 年，非實驗研究的相關係數明顯增加。

---

[13] 這兩個數據分別根據 Hogben（1998）以及 Paik 和 Comstock（1994）的研究結果。

〈圖表四-5〉： 分別針對媒體暴力與攻擊行為之關連的實驗
研究和非實驗研究所作的 meta-analysis

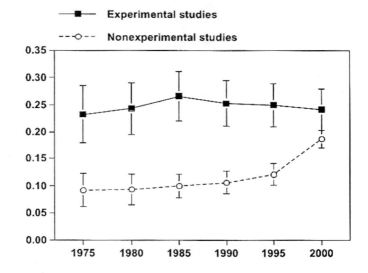

資料來源：Bushman, B.J. & Anderson, C.A. （2001）. Media violence
and the American Public: Scientific facts versus media
misinformation, American Psychologist, 56, 477-489.

說明：（1）X 軸為研究資料的年代，Y 軸為媒體暴力與攻擊行
為之關連的相關係數（correlation coefficient）

（2）中間為實心小方塊的實線代表實驗研究，中間為空
心小圓圈的虛線代表非實驗研究

參、結語

針對電視暴力與攻擊行為之關連的研究，使用不同研究

方法的研究成果，無法達成一致的結論，甚至，一些研究方法和研究成果還遭到批評和質疑。然而，儘管有些研究對兩者之關連的看法有所保留（Kaplan, 1972; Comstock, 1978; Freedman,1984），無法作成較明確的結論，不過，實驗研究結果與心理學者的許多研究，都達成相當一致的結論，而且，兩者之關連的實證研究結果也非常顯著（Bandura, 1973; Huesmann, Lagerspetz, & Eron, 1984），都顯示觀看電視暴力，會增加閱聽人產生攻擊行為的可能性。

因此，電視暴力這個研究範疇的領導者 Eron（1993）認為，電視暴力與真實生活中攻擊行為之關連的爭議應該結束，因為絕大多數的研究結果證實，媒體暴力和攻擊行為之間的關連是無法否認和爭論的。

除此之外，Bushman 和 Anderson（2001）也持相同的看法。他們表示，近年來已累積愈來愈多的科學證據證實，媒體暴力與攻擊行為的關連；而且，他們認為，在累積這麼多的科學證據後，媒體暴力與攻擊行為之關連的爭議，早就該結束。然而，正如同抽煙與肺癌之關連的爭議，在科學證明抽煙會導致肺癌後許久，仍未平息，媒體暴力與攻擊行為之關連的爭議，在累積許多科學證據後，亦仍不停止（Anderson & Bushman, 2002）。

總而言之，針對此議題所累積的研究成果已經說明，媒體暴力的攻擊行為效果的確不容否認和忽視，因此，學者和業界不應該重蹈「抽煙與肺癌之關連的爭議」的覆轍，深陷爭議的泥淖中；而比較重要的是，學者和業界能正視此問題並思索改善和解決之道。

第四章之參考書目

一、中文部份：

1.　吳知賢（1992）。《電視與兒童》。台北：水牛圖書出版事業有限公司。

2.　吳知賢（1998）。《兒童與電視》。台北：桂冠圖書股份有限公司。

3.　林東泰（1997）。《大眾傳播理論》。台北：師大書苑有限公司。

二、英文部份：

1.　American Medical Association.（1996）. Physician guide to media violence. Chicago: Author.

2.　American Psychological Association.（1985）. *Violence on television*. Washington, DC: APA Board of Social and Ethical Responsibility for Psychology.

3.　American Psychological Association.（1993）. *Report of the American Psychological Association on violence and youth, Vol. 1*. Washington, DC: Author.

4.　Anderson, C.A. & Bushman, B.J.（2002）. The effects of media violence on society. Science, 295, 2377-2379.

5.　Andison, F.S.（1977）. TV violence and viewer aggression: A cumulation of study results 1956-1976. Public Opinion

Quarterly, 41, 314-331.

6. Atkin, C.K., Greenberg, B.S., Korzenny, F., & McDermott, S. （1979）. Selective exposure to televised violence. Journal of Broadcasting, 23（1）, 5-13.

7. Atkinson, R.L., Atkinson, R.C., & Hilgard, E.R. （1983）. *Introduction to psychology* （8th ed.）. New York: Harcourt Brace Jovanovic.

8. Bandura, A. （1973）. *Aggression: A social learning analysis.* Englewood Cliffs, NJ: Prentice-Hall.

9. Bandura, A., & Walters, R.H. （1963）. *Social learning and personality development.* New York: Holt, Rinehart & Winston.

10. Belson, W.A. （1978）. *Television violence and the adolescent boy.* Hampshire, England: Saxon House.

11. Berkowitz, L. （1962）. *Aggression: A social psychological analysis.* New York: McGraw-Hill.

12. Berkowitz, L. （1969）. The frustration-aggression hypothesis revisited. In L. Berkowitz （Ed.）, *Roots of aggression: Re-examination of the frustration-aggression hypothesis.* New York: Atherton Press.

13. Bushman, B.J. & Anderson, C.A. （2001）. Media violence and the American Public: Scientific facts versus media misinformation, American Psychologist, 56, 477-489.

14. Centerwall, B.S. （1989a）. Exposure to television as a risk factor for violence. American Journal of Epidemiology, 129,

643-652.

15. Centerwall, B.S. （1989b）. Exposure to television as a cause of violence. In G. Comstock （Ed.）, *Public Communication and Behavior, Vol. 2* （pp.1-58）. New York: Academic Press.

16. Comstock, G.A. （1978）. Contribution beyond controversy （Review of Growing up to be violent: A longitudinal study of the development of aggression by M.M. Lefkowitz, L.D. Eron, L.O. Walter, & L.R. Huesmann）. Contemporary Psychology, 23, 807-809.

17. Comstock, G.A., & Paik, H. （1991）. *Television and the American Child*. New York: Academic Press.

18. Cook, T.D., Kendzierski, D.A., & Thomas, S.A. （1983）. The implicit assumptions of television research: An analysis of the 1982 report on "Television and behavior." Public Opinion Quarterly, 47, 161-201.

19. Dorr, A., & Kovaric, D. （1980）. Some of the people some of the time—but which people? Televised violence and its effects. In E.L. Palmer & A. Dorr （Eds.）, *Children and the faces of television: Teaching, violence, and selling* （pp.183-199）. New York: Academic Press.

20. Eron, L.D. （1993）. *The problem of media violence and children's behavior*. New York, NY: Guggenheim Foundation.

21. Evans, E.D., & McCandless, B.R. （1978）. *Children and youth* （2nd ed.）. New York: Holt, Rinehart & Winston.

22. Feshbach, S., & Singer, R.D. （1971）. *Television and aggression: An experimental field study*. San Francisco: Jossey-Bass.

23. Freedman, J.L. （1984）. Effect of television violence on aggression. Psychological Bulletin, 96, 227-246.

24. Freedman, J.L. （1986）. Television violence and aggression: A rejoinder. Psychological Bulletin, 100, 372-378.

25. Friedrich, L.K. & Stein, A.H. （1973）. Aggressive and prosocial television programs and the natural behavior of preschool children. Child Development Monograph, 38 （4）.

26. Friedrich-Cofer, L., & Huston, A.C. （1986）. Television violence and aggression: The debate continues. Psychological Bulletin, 100, 364-371.

27. Gadow, K.D., & Sprafkin, J. （1989）. Field experiments of television violence with children: Evidence for an environmental hazard? Pediatrics, 83, 399-405.

28. Gauntlett, D. （1995）. *Moving experiences: Understanding television's influences and effects*. London: John Libbey.

29. Granzberg, G. （1982）. Television as storyteller: The Algonkian Indians of Central Canada. Journal of Communication, 32 （1）, 43-52.

30. Gunter, B., & McAleer, J. （1997）. *Children and television*. New York: Routledge.

31. Hearold, S. （1986）. A synthesis of 1043 effects of televison on social behavior. In G. Comstock （Ed.）, *Public*

communications and behavior: Volume 1（pp. 65-133）. New York: Academic Press.

32. Heath, L., Bresolin, L.B., & Rinaldi, R.C.（1989）. Effects of media violence on children. Archives of General Psychiatry, 46, 376-379.

33. Huesmann, L.R., Eron, L.D., Lefkowitz, M.M., & Walder, L.O.（1984）. The stability of aggression over time and generations. Developmental Psychology, 20（6）, 1120-1134.

34. Huesmann, L.R., Lagerspetz, K., & Eron, L.D.（1984）. Intervening variables in the TV violence-aggression relation: Evidence from two countries. Developmental Psychology, 20, 746-775.

35. Johnson, J.G., Cohen, P., Smailes, E.M., Kasen, S., & Brook, J.S.（2002）. Television viewing and aggressive behavior during adolescence and adulthood. Science, 295, pp. 2468-2471.

36. Joy, L.A., Kimball, M. M., & Zabrack, M.L.（1986）. Television and children's aggressive behavior. In T. M. Williams（Ed.）, *The impact of television: A natural experiment in three communities*（pp. 303-360）. Orlando, FL: Academic Press.

37. Kaplan, R.M.（1972）. On television as a cause of aggression. American Psychologist, 27, 968-969.

38. Ledingham, J.（1996）. The effects of media violence on children. National Clearinghouse on Family Violence, Family

Violence Prevention Division, Health Programs and Services Branch, Health Canada, Ottawa, Ontario.

39. Lefkowitz, M.M., Eron, L.D., Walder, L.O., & Huesmann, L.R. （1972）. Television violence and child aggression: A followup study. In G.A. Comstock & E.A. Rubinstein（Eds.）, *Television and social behavior, Vol. 3: Television and adolescent aggressiveness* （pp.35-135）. Washington, DC: U.S. Government Printing Office.

40. McLeod, J., Atkin, C., & Chaffee, S.（1972）. Adolescents, parents, and television use: Adolescent selfreport measures from the Maryland and Wisconsin samples. In G.A. Comstock & E.A. Rubinstein（Eds.）, Television and social behavior. Vol. 3: Television and adolescent aggressiveness （pp. 173-238）. Washington, DC: U.S. Government Printing Office.

41. Mifflin, L.（1999, May 9）. Many researchers say link is already clear on media and youth violence. New York Times. Retrieved May 11, 1999, from http://www.nytimes.com/99/05/09/news/national/

42. National Institute of Mental Health. （1982）. *Television and behavior: Ten years of scientific progress and implications for the eighties.* Washington, DC: U.S. Government Printing Office.

43. Paik, H., & Comstock, G. （1994）. The effects of television violence on antisocial behavior: A meta-analysis. Communication Research, 27, 258-284.

44. Primavera, L.H., & Herron, W.G.（1996）. The effect of viewing television violence on aggression. International Journal of Instructional Media, 23（1）, 91-104.

45. Rubinstein, E.A.（1981）. Television violence: A historical perspective. In E.L. Palmer & A. Dorr（Eds.）, *Children and the faces of television: Teaching, violence, selling.* New York: Academic Press.

46. Singer, J.L., & Singer, D.G.（1981）. *Television, imagination, and aggression: A study of preschoolers.* Hillsdale, NJ: Lawrence Erlbaum.

47. Surgeon General's Scientific Advisory Committee on Television and Social Behavior.（1972）. *Television and growing up: The impact of televised violence.* Washington, DC: U.S. Government Printing Office.

48. Vooijs, M.W., & Van der Voort, T.H.A.（1993）. Teaching children to evaluate television violence critically: The impact of a Dutch school's television project, Journal of Educational Television, 19（3）, 139-152.

49. Wood, W., Wong, F.Y., & Chachere, J.G.（1991）. Effects of media violence on viewers' aggression in unconstrained social interaction. Psychological Bulletin, 109, 371-383.

第五章　電視暴力與攻擊行為的關連（下）

　　電視暴力透過一些機制，引發閱聽人產生攻擊行為，其中，主要的機制為：模仿、解禁和情緒激發等。而在電視暴力對閱聽人產生攻擊行為效果的過程中，存在許多因素影響電視暴力與攻擊行為的關連，如外在的情境因素和內在的個人特質等。外在的情境因素，包括：暴力內容的吸引程度、暴力的真實性、對攻擊角色的認同、目標受害人的特質以及觀看時，共視者的行為等。而內在的個人特質，包括：閱聽人對暴力內容的瞭解程度、年齡、對攻擊行為的看法、既存的情緒狀態、對攻擊行為的態度和自我規範的標準、原本的攻擊程度、性別、學業表現以及文化等。

　　本章分別就電視暴力引發閱聽人產生攻擊行為的機制以及影響電視暴力與攻擊行為之關連的外在的情境因素和內在的個人特質等加以說明。

壹、電視暴力引發閱聽人產生攻擊行為的機制和過程

　　許多運用不同研究方法的研究結果都顯示，觀看電視暴力是引發閱聽人產生攻擊行為的因素之一（請參閱第四章）。果真如此，電視暴力為什麼會引發閱聽人產生攻擊行為？

　　台北市立陽明醫院精神科主任周勵志，以社會學習理論的研究結果為基礎，認為觀看暴力影片引發閱聽人產生暴力

行為的原因為[14]：

（一）暴力影片直接示範攻擊行為

兒童時期、青少年時期是人生中模倣能力最強的階段，從暴力影片所學來的動作、行為，也許一開始只在遊戲中模倣，但逐漸的也會出現在真實生活中。

（二）暴力影片有漸增的喚醒作用

兒童觀看暴力節目時，比較會出現各種明顯的生理、心理、情緒等反應。此時，如果觀看暴力的兒童正好也遭受挫折或困擾，則這種生理、心理、情緒等反應，就會不當的與生氣的情緒連結在一起，於是，下一次再遇到類似的情況時，就會透過類似心理學上的「制約反應」而出現暴力行為。

（三）暴力影片會減少對暴力行為的敏感度

閱聽人觀看暴力影片被激起的情緒反應，會因為一再的接觸而減低。而連續觀看暴力畫面所造成的情緒鈍化，會影響閱聽人在真實生活中對受害者的同情心，也可能因而降低閱聽人幫助受害者的意願。

（四）暴力影片會減少對攻擊行為的壓抑

通常，我們被激怒時，即使感到生氣，仍然會壓抑憤怒的情緒，而不會直接以行為表達出來，但是，觀看他人表現

---

14 請參閱青少年工作資源中心網站上之〈暴力節目對孩子的影響〉。其作者為周勵志，網址：
http://www.socialwork.com.hk/artical/kid/y0409.htm

出來的攻擊行為卻會減弱壓抑的能力。

（五）暴力影片扭曲解決衝突的方法

在電視或其他傳播媒體上，都有許多情節描述以暴力行為解決各種衝突，因此，會讓人忽略處理衝突的其它可行方式。如此一來，兒童閱聽人就可能會以為「好人」制服「壞人」這類以暴制暴的行為，是可被接受的社會正義，對尚無法完全區分虛構故事與真實生活的兒童而言，多少會造成不良的影響。

而根據學者 Condry（1989）的整理、歸納，電視暴力促使閱聽人產生攻擊行為的主要機制為：模仿（imitation）、解禁（disinhibition）以及情緒激發或減敏感（arousal / desensitization）等三個機制。

此外，針對觀看電視暴力引發閱聽人產生攻擊行為的機制和過程，一些學者根據不同的理論，分別提出相似或相異的看法，詳述如下：

一、模仿、學習攻擊行為

此機制主要根據 Bandura 提出的社會學習理論。Bandura 與同事對兒童作一些實驗後，提出示範假設（modeling hypothesis），認為兒童是經由觀察、模仿而學得他們所看到的暴力行為（Bandura, Ross, & Ross, 1963a）。

而且，暴力行為不僅可以從真實生活中的人物身上學得，也可以從電視、電影中的角色學得，甚至還可以從非人物化的卡通圖片中學得。電視、電影和卡通圖片對兒童的示

範影響力，絲毫不亞於真實生活中的人物（高申春，2001）。

此外，這方面的先驅研究者 Bandura 和 Ross 等人，更進一步說明觀察學習的威力：單是對攻擊行為的觀察，就足以引導兒童模仿攻擊行為，即使在觀察期間，兒童並沒有機會表現攻擊行為或沒有因受到獎賞等因素而強化攻擊行為的觀念（Bandura, Ross, & Ross, 1961, 1963a, 1963b）。

Bandura（1977）更進一步推測，示範假設是在這樣的過程中產生影響的：首先，觀看者必須注意到被模仿者的行為，再將此行為以便於日後誘發的象徵形式，如視覺或文字符號，加以儲存記憶，進而表現這個行為並評估表現此行為的結果。

示範假設在 1960 年代初被提出後，多年來，一直吸引其他學者的注意，也得到廣泛的支持，而且，也似乎是兒童學得暴力行為的主因（Geen & Thomas, 1986）。

根據 Bandura 的看法，攻擊行為是一種學習而得的行為，而且，正如同多數行為的學習過程一般，必須先學得指導行為的行為範本，因此，攻擊行為的學習也必須先學得攻擊範本。通常，學習攻擊範本（script），分為三個階段：

（一）獲得階段：此階段先學得引導行為的範本或規則，並加以內化

（二）維持階段：強化已內化的範本或規則

（三）誘發階段：從記憶中提取已內化的範本或規則，並表現為實際的行為

而社會科學研究者也針對學習攻擊範本的這三個階段，

試圖找出影響觀看電視暴力與攻擊行為之關連的因素（Bandura, 1973; Berkowitz, 1984）。

　　首先，就攻擊範本的獲得階段而言，學者 Geen 和 Thomas（1986）以及 Rule 和 Ferguson（1986）的實驗證明，社會行為的範本通常是行為主體從觀察別人的行為模式而製碼的。例如，一個男孩可能從觀察別人的行為──捶打欺負他們的人，而製碼這個行為範本──捶打欺負他的人。

　　行為主體不斷觀察別人，製碼吸引他們的部份，再整合這些部份到已製碼的行為範本中，作為行為的參考。然而，並不是每一個看到的攻擊行為都會被製碼成攻擊範本，也不是每一個攻擊範本都會被記得很久、保持隨時可誘發的狀態。

　　通常，所看到的攻擊行為對行為主體愈有吸引力，行為主體就愈會對此行為加以沉思、幻想以及反覆練習。而透過作白日夢或角色扮演等活動，攻擊範本被不斷的沉思、幻想和反覆練習，因此，攻擊範本更進一步的被儲存。學者 Huesmann 和 Eron（1984）的一項跨國研究發現，看愈多電視暴力的兒童，愈會對攻擊行為作白日夢或幻想，如幻想他們傷害一個他們不喜歡的人或是假想他們是英雄，救了好人或制服了壞人。

　　此外，根據研究，閱聽人如何　釋所接觸的媒體暴力以及觀看暴力時啟動的想法，決定閱聽人對所接觸的暴力所可能產生的反應。Rule 和 Ferguson（1986）認為，在觀看媒體暴力時，人們會形成一種認知結構，此認知結構是由對攻擊行為的道德判斷和攻擊行為表現方式等一般社會知識組成的。此認知結構的深度和實際內涵取決於許多因素。首先，

必須先注意到訊息，如果瞭解，才能將此訊息儲存記憶。而在瞭解訊息的同時，閱聽人會作歸因並作道德判斷，此二者都會影響閱聽人對攻擊行為所抱持的態度和閱聽人表現攻擊行為的可能性。而不斷接觸媒體暴力的結果是，閱聽人可能會將暴力視為解決人際或社會問題的有效方式，進而接受暴力是生活的方式之一。

再者，接觸媒體暴力是透過情感的激發而對攻擊行為產生影響的。兒童是否會將他們所學得的攻擊行為表現出來，則取決於激發情況（instigating condition），如是否受到挑釁以及強化情況（reinforcing condition），如是否會受到處罰。

二、解除對暴力行為的抑制機制

除了模仿、學習外，造成閱聽人表現攻擊行為的另一個因素是，閱聽人解除本身對暴力行為的抑制機制。

根據 Bandura（1986）的社會認知理論（social cognitive theory），個人會抑制自己表現攻擊行為，因為預期這類行為會導致社會譴責，如處罰、監禁，或是自我責備，如罪惡感、羞愧等。然而，觀看電視暴力後，閱聽人會受到影響而降低本身對暴力行為的抑制機制，並將在真實生活中行使暴力的行為合理化，這個過程就是解禁作用。

電視暴力就是透過解禁作用、也就是解除抑制機制的過程，引發閱聽人產生攻擊行為。

三、激發閱聽人的攻擊想法、情緒和行為傾向

根據許多研究發現，觀看電視暴力後，閱聽人所行使的

攻擊行為，往往不同於所看到的攻擊行為。此時，示範假設便不足以解釋這樣的研究結果，而由學者 Berkowitz 提出的激發理論和認知連結理論最可以解釋這種研究發現（Geen & Thomas, 1986）。

Berkowitz 的激發理論和認知連結理論認為，媒體暴力內容會啟動或激發閱聽人的攻擊想法，而這些攻擊想法又會連結儲存於閱聽人的記憶中的其他相關想法、情緒和行為傾向。

而且，在認知連結的過程中，所看到的攻擊行為的一些特質，會加速這個攻擊行為引發的相關想法、情緒和行為傾向。例如，學者 Huesmann（1982）也指出，媒體暴力內容會被存入個人的認知結構，以及稍後可以從認知結構中被誘發出來的過程，就是運用製碼特性（encoding specificity）；因此，訊息能被誘發出來，有絕大部份是因為被誘發時的情境與被製碼時的情境非常相似。

此外，所觀看的暴力景象得以被製碼並儲存於記憶的原因是，這個暴力景象具有相當吸引人的特質。同時，製碼特性可以解釋這樣的研究結果：攻擊行為受害者的特質，如果與所觀看影片中的受害者的特質相似，此攻擊行為受害者受傷害的程度可能更大。

Josephson 的研究證實以上的說法。研究過程為，男童先被激怒後，再觀看暴力或非暴力的電視節目，而暴力節目中的攻擊者，身上帶著無線通話器。隨後，在男童玩曲棍球時，裁判有時候帶著無線通話器，有時候則沒帶。研究結果發現，男童如果看過暴力節目而且玩球時，裁判帶著無線通話器，男童就變得較具攻擊性（Josephson, 1982，轉引自 Geen &

Thomas, 1986）。男童看到裁判的無線通話器，可能誘發記憶中的暴力節目的攻擊行為，因為，裁判的無線通話器提供了與暴力節目的攻擊行為相似的特別連結。

貳、影響電視暴力與攻擊行為之關連的外在情境因素

閱聽人儲存攻擊範本於記憶中之後，在什麼情況下，這些攻擊範本會從記憶中被誘發出來，也是研究者探討的重點。學者 Huesmann（1986）和學者 Berkowitz（1986）都建議，個人在即時的情況下對暗示情節的注意，是誘發攻擊範本以及暗示情節引發相關想法和情緒的重要因素。因此，如果在即時情況中的暗示情節與攻擊範本被記憶時的暗示情節相似，那麼攻擊範本被誘發以及引發相關想法和情緒的可能性就大增。

而除了在即時情況下的暗示情節，還有許多重要的因素影響攻擊範本的建立、維持以及誘發，其中，包括外在的情境因素和內在的個人特質。

一些研究顯示，目睹攻擊行為的情境，會影響觀看者的攻擊行為和觀看者對攻擊行為的態度，並進而影響觀看電視暴力與觀看者後續的攻擊行為的關連。有哪些情境因素，詳細分析如下：

一、暴力內容的吸引程度

閱聽人並不會在心中完全不變的複製所觀看到的暴力，觀看時的注意程度和瞭解程度，是從媒體學得什麼的重要關鍵。而節目吸引人的程度和複雜程度，會影響閱聽人的注意

程度，進而影響瞭解程度。

對暴力內容的注意，是兒童是否會將此暴力內容存入記憶的重要因素（Bandura, 1977; Huesmann, 1988）。許多研究發現，內容愈吸引人，就愈會被注意到，而兒童比較會注意那些包含許多動作和聲光效果的媒體內容（Huston & Wright, 1989; Rule & Ferguson, 1986; Wright & Huston, 1983）。通常，暴力內容的影片都具有動作和聲光效果等特質，因此，非常容易吸引觀看者的注意，尤其是兒童。

另外，電視節目本身具有的形式特質（formal feature），如動作、速度、聲光效果等，吸引兒童注意的程度，可能並不遜於暴力內容（Huston & Wright, 1989）。一項針對學齡前男孩所作的研究發現，同樣具有快速的特質的卡通或非卡通影片，不論內容是否含有暴力，吸引兒童注意的程度是一樣的（Potts, Huston, & Wright, 1986）。這個研究發現與媒體業者辯稱，為了吸引兒童注意，一定程度的暴力是必須的說法相牴觸。

二、暴力的真實性

許多研究顯示，電視暴力如果被視為是真實的，會比被視為是虛構的，對閱聽人產生較大的影響，因為，閱聽人如果將所看到的暴力內容視為是真實的，就會加速攻擊範本的獲得機制、維持機制以及誘發機制，並且也會引發具攻擊性的想法和情緒（Berkowitz, 1986; Huesmann & Eron, 1984）。

學者 Feshbach（1972）的一項研究，給兒童看一部校園暴動的影片，並告訴其中一半的兒童，所觀看的影片是真實事件的新聞影帶，而告訴另一半的兒童，此為虛構的影片，

結果發現，在隨後有機會處罰同儕的情況，被告知所觀看的影片是真實的兒童，表現得更具攻擊性。

另外，Berkowitz 和 Alioto（1973）針對大學生從事類似的研究，男性大學生在看過認為是真實紀錄片的戰爭景象，比看過認為是好萊塢影片的戰爭景象，對傷害他們的人，表現的行為更具攻擊性。

而且，Geen 和 Rakosky（1973）的研究發現，閱聽人如果認為所看到的暴力內容是虛構的，似乎就會在心理上與所觀看的事物產生疏離，因此，暴力內容的影響就變得較小。

再者，Geen（1975）的研究也有相同的發現，原本就已生氣的男人，看真實的打鬥影片比看虛構的打鬥影片，在觀看的時間內，維持著較高的心理情緒被激發的狀態，也因此隨後會給挑釁者較嚴厲的處罰。

學者 Hearold（1986）曾以 meta-analysis 方法針對十萬個以上的受測樣本、兩百多篇的研究進行探討，她發覺真實性（realism）是影響兒童表現攻擊行為最重要的因素，特別是對年紀較大的兒童。

而且，根據 Hearold 的分析，如果暴力行為受到懲罰或是有明顯的負面結果，以及行使暴力者是十惡不赦的壞人，則暴力行為的影響較小，但是，像士兵打勝仗或警察平息一場暴動，這種具有正當理由而且獲得獎勵的真實暴力，最有可能造成負面影響。

三、對攻擊角色的認同

一些針對大學生所作的實驗研究發現，電視暴力的效果取決於閱聽人對影片中角色的認同（Bandura et al., 1961; Turner & Berkowitz, 1972）。

學者 Huesmann 與同事的研究發現，對攻擊行為所抱持的態度與對攻擊角色的認同，是觀看電視暴力後，是否會產生攻擊行為的重要因素，兒童如果認同影片中的攻擊角色，比較可能表現出攻擊行為（Huesmann, 1988; Huesmann, et al., 1984）。

而且，Huesmann（1986）一項泛文化的研究指出，不論先前的暴力程度如何，看較多電視暴力並且認同影片中的攻擊角色的男孩，兩年後會變得更暴力，所以，認同暴力影片中的攻擊角色，可能與觀看電視的時間數量同樣重要。

另外，一些研究發現，看較多電視的兒童常來自低社經背景家庭，他們喜歡暴力而且贊成暴力，在學校的功課普遍不好，但都強烈認同影片中的攻擊角色，這種情形都將擴大電視暴力的影響（Van der Voort, 1986）。

針對 1000 篇以上的文獻作分析，英國學者 Sims 和 Gray 的研究指出，現今的故事鋪陳方式，使觀眾偏向認同加害者而非受害者（Sims & Gray, 1993，轉引自吳知賢，1998）。由於認同加害者，更可能模仿或學習加害者的行為，如此，觀看電視暴力的負面影響就變得更大。

四、目標受害人的特質

如果，目標受害人的特質與所觀看影片中的受害人的特質相似，那麼，閱聽人產生後續攻擊行為的可能性就比較高。

Berkowitz（1986）的研究顯示，觀看暴力影片後所誘發的攻擊行為，常以在觀看者心目中與影片受害人有連結者為目標。一些研究，如 Berkowitz 和 Geen（1967）以及 Geen 和 Berkowitz（1966, 1967）都以「名字」作為目標受害人和影片受害人的連結因素，從事研究，得到一致的結論：目標受害人的名字與影片受害人的名字相同時，目標受害人遭受攻擊的可能性以及遭受攻擊的程度都比較大。

另一份研究也有相同的發現，「名字」是目標受害人和影片受害人之間一項重要的連結因素（Donnerstein & Berkowitz, 1983，轉引自 Berkowitz, 1986）。Berkowitz（1974, 1984）認為，很可能是透過認知連結的過程，而使名字產生連結的作用。

五、觀看時，共視者的行為

兒童觀看電視時，不論是「獨視」或「共視」，其觀看的社會情境因素和觀看時的闡釋行為，具有多面向互動和交互影響的可能，並進而形塑電視觀看的意義建構（吳翠珍，1996）。

（一）與成人共視

觀看媒體暴力的反應是否受到抑制，通常受到共同觀看者的行為影響（Berkowitz, 1986）。共視者對所觀看的攻擊行

為，如果持贊成的態度，就會增加閱聽人表現攻擊行為的可能性；反之，如果持反對的態度，則會抑制閱聽人表現攻擊行為。

此外，Hicks（1968）試圖瞭解，成人與兒童共視時，如果對影片中的攻擊行為作正、反面的評論，會對兒童產生的影響。結果發現，成人的評論的確會影響兒童表現攻擊行為，特別是，在成人在場的情況下；如果，成人作出贊同影片中的攻擊行為的評論，那麼兒童就比較可能模仿所觀看的攻擊行為，反之，如果成人對影片中的攻擊行為表示不贊同，兒童就比較不會模仿所觀看的攻擊行為。而且，Grusec（1973）一項類似的研究發現，即使在某些成人不在場的情況下，成人於共視時的評論對兒童閱聽人的影響依然存在。

另一項研究，試圖瞭解大學生與其他人一起觀看拳擊影片，共視者的反應如何影響大學生觀看拳擊影片後的行為（Dunand, Berkowitz, & Leyens, 1984）。研究發現，共視者對影片中的攻擊行為，如果作出類似贊同的評論，如「打得好」、「來呀！繼續！」等，一起觀看的學生，在觀看影片後，比較容易表現出攻擊行為。這或許是別人對攻擊行為的贊同態度，會解除觀看者對攻擊行為的抑制機制。

（二）與同儕共視

Leyens、Herman 和 Dunand（1982）的一項研究發現，相較於獨自觀賞或與其他較溫順的兒童一起觀賞的情況，較溫順的兒童與較具支配性的兒童一起觀賞影片後，對激怒他們的人，會給予較強烈的處罰，以作為報復。

參、影響電視暴力與攻擊行為之關連的個人特質

根據 Huesmann 的認知模式，個人特質會影響攻擊範本的獲得機制、維持機制以及誘發機制；而根據 Berkowitz 的認知模式，個人特質會助長或抑制由暗示情節所引發的攻擊想法、情緒和行為傾向。雖然，針對電視暴力與攻擊行為的關連，不同的認知模式採用不同的闡釋，但是，不論何種模式，毫無疑問的，個人特質都會影響電視暴力與攻擊行為的關連。幾項個人特質詳述如下：

一、對暴力內容的瞭解程度

兒童的認知發展能力和社會成熟度影響其對暴力內容的瞭解。學者 Collins、Parke 和 Slaby 等人，針對兒童的瞭解能力，作一系列的研究。例如，Collins（1973）發現，連結攻擊行為、攻擊動機和攻擊行為的後果之場景間，如果插入廣告，比不插入廣告，更容易引導三年級的兒童認為，攻擊行為是解決衝突的方式之一；而無論有無插入廣告，對六年級或十年級的兒童，則無影響。這說明年紀較小的兒童，顯然欠缺較有組織和較為整合的認知結構，因此，容易受到一些短暫的、外在的環境因素影響其判斷。

另外，學者朱則剛和吳翠珍（1994）認為，年齡較大的兒童，對電視的聲音、影像和結構符號等，比較具備基本的媒介基模，因此，也比較瞭解節目內容，能解讀情節銜接時的時空壓縮意涵。

而且，根據 Collins（1979）以及 Parke 和 Slaby（1983）

的研究，二、三年級的兒童，對節目內容的瞭解，在三方面
受到限制：

（一）年紀較小的兒童，對於劇情的重要訊息的記憶比較
　　　少。因此，如果重要訊息是有關攻擊行為的動機，
　　　年紀較小的兒童即可能錯失這個訊息。

（二）年紀較小的兒童，對於意義隱含於內的訊息，不會
　　　為了瞭解而作必要的推論。因此，攻擊行為的動機
　　　或後果，如果是隱含於內的，年紀較小的兒童可能
　　　無法瞭解故事的寓意和精神。

（三）改變場景的順序或修改有助於瞭解的重要場景，都
　　　不會影響年紀較小的兒童的記憶。

　　這些研究結果建議，年紀較小的兒童，無法掌握節目內
容的重點並且完全瞭解節目內容，尤其，對於攻擊行為的正
當性和後果等訊息，可能無法完全理解，因而，較容易受到
暴力內容的影響，更有可能模仿所觀看的攻擊行為。尤其，
媒體中的攻擊行為，通常具有顯著的特性，更為吸引人，影
響也更大。

　　此外，學者 Huesmann（1988）也相信，兒童如果無法評
估攻擊行為的不適當性，或無法預測行使攻擊行為之外的其
它替代行為的後果，就很可能選擇表面上能解決眼前問題的
攻擊行為，作為處理問題的方式。

二、年齡

　　吳知賢（1992）的研究發現，兒童的年齡具體顯現於對
內容瞭解的程度，低年級兒童多注意表相，而中高年級的兒

童則能漸漸深入情意及價值層面，對內容理解的質與量都優於低年級兒童。

　　不同年齡的兒童對暴力內容的瞭解程度不同，因此，受到影響的程度也有差異。許多研究者都試圖瞭解兒童在什麼年齡最容易受電視暴力的影響。

　　Collins 等人發現，年紀較小的兒童無法瞭解動機和攻擊行為之間的關係，因此，更容易模仿不適當的攻擊行為（Collins, 1973, 1982; Collins, et al., 1974; Newcomb & Collins, 1979）。

　　McCall（et al., 1977）的研究顯示，兒童 2 歲時就可以輕易的模仿電視上所觀看到的行為，甚至從年齡更小的兒童身上就可看到一些模仿行為。Singer 和 Singer（1981）的研究，更證實電視暴力對年僅 3、4 歲的兒童的不良影響。

　　一些研究認為，8 歲、9 歲是兒童最容易受電視暴力影響的關鍵時期，因為，在這個階段，兒童看較多電視，接觸電視暴力的機會自然也比較多，但由於認知有限，因此，受到影響的程度最為強烈（Eron, et al., 1983; Van der Voort, 1986）。

　　學者 Hearold（1986）綜合整理 230 份文獻後的研究結論是，對於 10 歲以內的男孩和女孩而言，電視暴力的攻擊行為效果大致相同，之後，隨著年齡的增長，電視暴力的攻擊行為效果，對男孩而言愈來愈大，然而，對女孩而言愈來愈小（請參閱 pp. 96-97）。Hearold 解釋，10 歲左右是對男孩和女孩的社會期望有顯著不同的時候，通常期望男孩變得強而有力、具有男子氣概，而期望女孩變得溫柔端莊、具有女性特質。

Eron（et al., 1972）等學者認為，到了青少年時期，個人的行為傾向和抑制機制就已定型到某種程度，因此，他們的攻擊習慣就很難改變，較不容易受到電視暴力的影響。Hearold針對這方面所作的檢視，也支持這些看法，但仍然建議，觀看電視暴力也可能增加男性青少年的攻擊行為（Hearold, 1979，轉引自 Huesmann, et al., 1984）。

三、對攻擊行為的看法

　　觀看暴力行為時，閱聽人如何解讀行使暴力者的企圖，會影響其攻擊想法和行為；而且，影片中的暴力行為，如果被合理化，也會引發合理化的攻擊行為的相關想法。

（一）攻擊行為的企圖

　　閱聽人如何解讀暴力行為背後蘊含的企圖，會影響其對暴力行為的反應。例如，學者 Dodge 和 Frame（1982）指出，通常具攻擊性的兒童傾向於認為，行為背後蘊含敵意。因此，在某種特定的社會情況下，個人如果認為其他人的行為具有不良的企圖，應該被處罰，那麼，攻擊範本就會連同與此攻擊行為有關的想法、情緒和行為傾向，一起被誘發出來。

（二）攻擊行為的正當性

　　許多研究顯示，觀看攻擊行為被合理化的閱聽人，比觀看攻擊行為沒被合理化的閱聽人，對激怒者的處罰較重（Berkowitz, 1984）。由此可知，被合理化的攻擊行為，會引發將攻擊行為合理化的相關想法。

四、既存的情緒狀態

學者 Berkowitz（1986）認為，在觀看媒體暴力之前就已經生氣的閱聽人，較可能表現出攻擊行為。

而且，學者 Huesmann（1988）認為，兒童既存的情緒狀態，不論是原本個性上的傾向或是才剛被引發的情緒激動，都會影響兒童對目前所處情況的情境暗示的注意以及對這些情境暗示的評估。例如，處於生氣情況中的兒童或是原本就較具攻擊性的兒童，在觀看暴力影片時，比較會將焦點放在引人注意的暗示上，如打鬥場景的細節，而忽略其他可能對攻擊行為產生抑制機制的暗示，如暴力行為的動機和後果等。而相較之下，不具攻擊性的兒童，在沒有生氣的情況下，會將焦點放在不同的或較廣的情境暗示。

五、對攻擊行為的態度和自我規範的標準

對攻擊行為抱持的態度和自我規範的標準，也會影響攻擊範本的建立、維持和誘發機制。如果，閱聽人評估所看到的暴力行為是適當的，就愈有可能將此暴力行為存入記憶，而且，於面臨社會衝突時，將此攻擊範本誘發出來。

Deluty（1983）的研究發現，與不具攻擊性的兒童相較，具攻擊性的兒童，對以暴力的方法解決衝突的評估較為正面。而且，另一項研究顯示，具攻擊性的兒童比不具攻擊性的兒童，更可能預期表現暴力行為，可以得到他們想要的和教訓別人不要欺負他們（Perry, et al, 1986）。

因此，學者 Huesmann（1988）認為，電視的描述如果吻

合閱聽人主觀的態度和社會規範，比較容易被注意和被記憶，因此，更容易啟動學習機制。

六、原本的攻擊程度

一般認為，兒童在觀看電視時是被動的，也就是電視給予什麼，他們就接收什麼，毫無抵抗能力的接受電視內容。然而，Huesmann（1986）卻認為，兒童是主動的電視觀看者，他們既存的信念、態度以及處理訊息的方式，會影響他們觀看電視的內容。

而且，Huesmann（1986）也認為，以單方向的線性取向，探討電視暴力對攻擊行為的影響是不夠的，因為，觀看電視暴力與攻擊行為之間的關係，並非只是單方向的觀看電視暴力導致攻擊行為，也有可能是雙向相互影響的，也就是較具攻擊性的個人比較偏好觀看暴力的內容。

對電視暴力研究這個領域有重要貢獻的 the Surgeon General's Report（1972），雖指出觀看電視暴力與攻擊行為之間有基本的因果關係，但認為這種情形只適用於某些原本就有攻擊傾向的兒童。

根據一些文獻資料顯示，具攻擊性的兒童的社會認知，確實異於一般兒童（Crick & Dodge, 1994; Hughes & Cavell, 1995）。學者因此認為，社會認知過程與觀看電視暴力是相互影響的，信念影響觀看的電視內容，觀看的電視內容再影響信念。因此，觀看電視暴力對攻擊行為的影響，實際上是，觀看電視暴力對兒童的信念、態度和訊息處理方式產生影響所致。

而具攻擊性的兒童與不具攻擊性的兒童，在認知方面的差異，表現在這些方面：

（一）製碼（Encoding）

具攻擊性的兒童，比較會注意和回憶攻擊性的暗示（Dodge & Frame, 1982; Dodge & Newman, 1981; Gouze, 1987）。如果，與不具攻擊性的同儕相較，具攻擊性的兒童，在觀看影片時，對於攻擊性的刺激較注意；而且，在做別的事時，也較會因暴力情節而分心；另外，回憶敵對情節的比例，比回憶中性或善意情節的比例高。這種偏向注意攻擊性的刺激的傾向，很可能是動機與認知因素，雙重作用的結果。學者 Huesman（1986）認為，具攻擊性的兒童比較容易被暴力行為激發，而且，他們本身具有的認知和信念，使得他們更容易將攻擊性的刺激，整合至他們的記憶結構。

（二）歸因的偏見（Attributional Biases）

具攻擊性的兒童比不具攻擊性的兒童，更容易認為別人的行為，具有敵對的動機（Dodge, Murphy, & Buchsbaum, 1984; Steinberg & Dodge, 1983）；這樣的偏見可能是因為，具攻擊性的兒童通常認為世界是充滿敵意的地方。觀看許多電視和認為世界是充滿敵意的信念可能相互影響，也就是，具攻擊性兒童原本認為世界是醜陋的信念，經過觀看電視而強化，進而導致這類兒童與社會更疏離並觀看更多的電視，也增加兒童表現攻擊行為的傾向。因此，信念、觀看電視與攻擊行為，彼此相互牽連、相互影響。

（三）相信攻擊行為的正當性（Belief in legitimacy of aggression）

與不具攻擊性的同儕相較，具攻擊性的兒童和青少年，比較容易相信攻擊行為是解決社會衝突的適當反應（Guerra & Slaby, 1989; Slaby & Guerra, 1988）。尤其，許多電視暴力是以「好人」懲罰「壞人」的方式呈現，將暴力合理化，因此，施暴者通常被視為是英雄，而不是壞人。如此，兒童看越多電視暴力，對暴力的接受度就越高，也越有可能將他們認為可接受的、真實的暴力情節，加以製碼、儲存，並且於日後誘發出來。

（四）攻擊行為的自我功效（Self-efficacy for aggression）

具攻擊性的兒童，比不具攻擊性的同儕，更傾向於表現攻擊行為（Perry, Perry & Rasmussen, 1986），因為，如果兒童認同影片中的攻擊者，他們對自己模仿影片中攻擊行為的能力，顯得有信心。而具攻擊性的男童，比不具攻擊性的男童，更容易認同影片中的攻擊者（Huesmann, Lagerspetz, & Eron, 1984）。再者，看較多電視暴力以及認同攻擊者的男童，較具攻擊性。「對攻擊行為的認同，就跟觸媒一樣，增加電視暴力對男童的影響效果」（Huesmann, Lagerspetz, & Eron, 1984）。

（五）攻擊性的解決方式（Aggressive solutions）

與不具攻擊性的同儕相較，具攻擊性的兒童，比較會使用攻擊行為，作為解決人際衝突的方法（Guerra & Slaby, 1989; Slaby & Guerra, 1988）。通常，具攻擊性的兒童，製碼了較多的攻擊範本，並將這些範本與社會暗示連結在一起，因此，

他們可以很容易的從記憶中取得回應衝突的攻擊範本。而觀看電視暴力，使得攻擊範本和與其連結的社會暗示的取得，更為方便，因為具攻擊性的男童，較認同攻擊者、較相信影片中暴力的真實性、也更認為暴力行為是可接受的，因此，更有可能將他們觀看的攻擊行為製碼。而且，遇到威脅時，具攻擊性的兒童，極可能以重複學習、不斷預演的攻擊範本回應（Crick & Dodge, 1994; Steinberg & Dodge, 1983）。觀看電視暴力，使得兒童的攻擊範本數量增加，以及方便取得，因而增加兒童的攻擊程度。

（六）攻擊行為的結果期待（Outcome expectancies for aggression）

具攻擊性的兒童比不具攻擊性的兒童，更容易相信攻擊行為是有效的解決方式，甚至可能帶來實質的報償（Lochman & Dodge, 1994; Perry et al., 1986; Slaby & Guerra, 1988）。因為，電視上呈現的暴力行為，通常不僅沒有受到懲罰，甚至還受到獎賞，因此，經常觀看電視暴力，可能加強兒童的信念，認為表現攻擊行為是有效的，甚至有好處的。

（七）對受害者感同身受的程度（Empathy for victims）

與不具攻擊性的同儕相較，具攻擊性的兒童，對於攻擊行為的受害者，比較不會感同身受（Guerra & Slaby, 1989; Slaby & Guerra, 1988），他們比較不相信攻擊行為受害者是因攻擊行為而承受痛苦。學者普遍的共識認為，接觸電視暴力有三種主要的影響，其中之一是減敏感，包括對暴力行為和暴力行為受害者的麻木感覺。若對受害者的痛苦能感同身受，有助於抑制使用攻擊行為，而減敏感的可能結果是對攻

擊行為產生解禁作用。

其實，具攻擊性的兒童的信念、處理社會訊息的方式和觀看電視暴力的數量，是彼此互有關連、相互影響的。具攻擊性的兒童，選擇暴力內容的節目，而節目內容再強化他們的想法和形塑他們的行為，就像一個循環一般。然而，這樣的循環並非無法改變，接觸電視暴力的兒童，也有可能不表現出攻擊行為，如果，他們的真實生活中有較多這類的經驗：

（一）表現攻擊行為被處罰，而表現利社會行為獲得獎賞（Patterson et al., 1992）。

（二）認同利社會行為的模範，例如在學校表現優異、結交偏向利社會行為的同儕（Hawkins, Von Cleve, & Catalano, 1991）。

（三）父母的教養較為成功，包括適度的規範以及融入子女的生活（Patterson et al., 1992）。

七、性別

大部份的文獻都顯示，男孩和女孩受到電視暴力影響的程度是不同的，也就是，性別差異會影響觀看電視暴力與攻擊行為的關連。

早期的實地研究發現，女孩受到電視暴力影響的程度比男孩小（Bailyn, 1959; Eron, 1963）。Eron（et al., 1972）等學者於 1960 年到 1970 年從事的一項長達 10 年的長期固定樣本研究顯示，接觸媒體暴力對男孩的行為有顯著的影響，但是，對女孩的行為則沒有顯著的影響，女孩觀看電視暴力與其後表現的攻擊行為並沒有關連。

不過，有些研究，如 Joy（et al., 1986）的研究則發現，在接觸媒體暴力後，不論男孩還是女孩，都表現出較多的攻擊行為。

學者 Slaby 和 Conklin Roedell（1982）在檢視兒童攻擊行為的發展與修正的研究中，提出觀看電視暴力對男孩比對女孩更為不利的原因。他們的看法是，男孩通常看較多的電視暴力，而且，大多認為電視暴力情節是真實的；另外，電視上，使用暴力的男性比女性多，而且，男性角色行使暴力行為的後果，比女性角色行使暴力行為的後果，較為正面；除此之外，女性角色通常是受害者而不是加害者。

另外，有些學者認為，社會態度比較接受男孩的攻擊行為和男孩比較衝動以及與女孩相較，男孩對行為的自我規範能力比較差等，都是男孩受到電視暴力的負面影響程度較多的原因（Lytton & Romney, 1991）。

八、學業表現

行使攻擊行為的兒童與課業表現不佳的學童，有很大一部份是重疊的（Hinshaw, 1992），也就是，課業表現不佳的學童，比較容易行使攻擊行為。

近期的一些研究認為，攻擊行為和反社會行為可能阻礙適當的課業成就（Huesmann et al., 1987; Tremblay et al., 1992）。而且，Huesmann（et al., 1987）等學者認為，具攻擊性的兒童，大多與師長和同儕進行負面的社會互動，如此，就排除了發展良好的學業能力所需的正面社會互動。

此外，Huesmann 和 Eron（1986）的研究發現，較具攻擊

性的兒童和課業表現較差的兒童，都看比較多的電視暴力，
而且，比較相信這些內容是真實的。學業表現與觀看電視之
間的關連性是雙向、相互影響的，看很多電視會影響學童的
課業成就，而「兒童無法從學校的課業成就上得到滿足，就
會轉向電視節目中的英雄角色，以尋求替代他們在學校無法
得到的成功」（Huesmann, 1988）。兒童因此就容易將所觀看的
攻擊行為存入記憶，因為，他們認為這些攻擊行為是真實的
而且是解決社會問題的簡單方法。

九、文化

　　以加拿大印地安人的 Cree 社區為研究對象，Granzberg
（1982）的研究結果明確的指出，在引進電視後，該社區兒
童的暴力程度增加（請參閱 p. 94）。學者 Granzberg 認為，主
要的原因，除了兒童的模仿傾向外，文化因素也牽涉其中；
他表示：「因為，阿爾根基安人（Algonkians）認為，電視是
現代的神奇裝置，而且，他們將電視視為事實的告知者，因
此，更容易受到電視訊息的影響。」

　　此外，雖然美國現有的實證資料大多支持「電視暴力會增
加閱聽人的攻擊行為」之論點，不過，為瞭解在儒家文化薰陶
下的台灣兒童，是否較不易受到電視暴力的影響，較能抑制本
身的攻擊行為，國內學者謝旭洲（1997）從事一項研究。

　　這項研究結果與國外許多採取實驗法以探討卡通暴力效
果的研究發現（如 Bandura, Ross, & Ross, 1963; Day &
Ghandour, 1984; Ellis & Sekyra, 1972; Lovaas, 1961; Mussen &
Rutherford, 1961; Stein & Friedrich, 1972）不謀而合，不僅為收

看暴力卡通影片導致兒童產生較多攻擊行為的可能性提出支持的數據，也說明在自然的情境下，收看暴力卡通影片仍可能對學童的攻擊行為造成影響。

謝旭洲認為，此項論點若能被後續的研究所證明，則顯示暴力內容對兒童的影響，可以跨越文化與國度的鴻溝，即使成長於儒家文化薰陶下的國內兒童，其行為模式仍可能受電視暴力內容的影響。

不過，誠如研究者所言，在觀看電視暴力和攻擊行為的關連上，文化因素的影響程度，尚待更多的研究來作釐清。

肆、電視暴力與攻擊行為之關連的爭議

電視暴力研究中，電視暴力與攻擊行為之關連的研究，數量最多，但也引起最多爭議。

一、學界的看法

媒體暴力是否會引發閱聽人產生攻擊行為，雖然，各種理論紛陳而且研究數量豐富，但是，由於研究方法的差異和研究時間長短不同等因素，再加上人類的行為是難以捉摸的心理狀態和複雜的社會環境交互運作下產生的，因此，沒有一項研究直接、肯定的指出，媒體暴力與閱聽人的攻擊行為之間的因果關係。

即使像美國國會撥款百萬元巨額的研究計劃，其研究結果只保守的表示，電視暴力與兒童、青少年的攻擊行為有一些基本的關連，但只限於某些原本就有攻擊傾向的兒童和青少年。

　　英國學者 Halloran 就曾批評這樣含糊且保守的結論。他更嚴厲批判電視暴力與兒童、青少年攻擊行為的研究，認為這類研究把問題過於簡單化，似乎認定社會上沒有其他暴力來源，社會上的暴力都是媒體造成的（Halloran, 1978，轉引自林東泰，1997）。

　　Halloran 的批評似乎不無道理。紐約時報曾報導，三位來自紐約布魯克林區、涉嫌持槍搶劫和蓄意謀殺的 16 歲青少年，譏笑青少年所犯的罪行與他們在電視上所看的暴力有任何關連的想法。其中，Dominic 在要求保留姓氏的前提下接受訪問，談到槍殺和攻擊行為時說：「小孩在影片中看到暴力之前，早已在街上就看過了。」他並舉他妹妹為例說，她在街上玩跳繩時就可以看到暴力行為。雖然如此，我們還是得注意，青少年對影響他們的行為的因素，可能判斷錯誤。事實上，許多曾接觸具攻擊行為的兒童和青少年的輔導者以及警官都表示，他們從兒童、青少年的行為中可以明顯的看出媒體暴力的影響（Kolbert, 1994, December 14）。

　　而且，學者的研究也證明，即使對於生活環境中原本就充滿街頭暴力的兒童而言，觀看電視的影響力並不因此減弱。Day 和 Ghandour（1984）以及 McHan（1985），以黎巴嫩貝魯特的 5 至 8 歲的男孩為對象，採用類似於 Bandura 與同事所用的實驗研究，結果發現，在觀看電視暴力後，兒童仍會變得較具攻擊性。這個研究結果說明，即使真實生活的環境中有很多機會目睹暴力行為，然而，觀看電視暴力對閱聽人的攻擊傾向仍有一定程度的影響（轉引自 Comstock & Paik, 1991）。

其實，過去數十年，在美國頂尖大學從事的數以千計的研究，都有相同的結論：觀看電視暴力與真實生活中的攻擊行為至少有一些可證明的關連。因此，美國心理協會（the American Psychological Association）的立法與聯邦事務官員 Jeffrey McIntyre 認為，電視暴力與攻擊行為之關連的證據是非常強而有力的，辯稱沒有證據可以證明兩者之間的關連，就好像辯稱沒有地心引力一樣（Mifflin, 1999, May 9）。

二、業者的爭辯

不僅學界對電視暴力與攻擊行為的關連，看法分歧、爭議不斷，媒體業者甚至指責社會科學研究者在為其怠惰卸責，因為他們不願花費時間研究社會上可能造成暴力行為的各種更複雜的因素，如貧窮問題、毒品上癮和槍械氾濫等，所以把矛頭指向媒體。

而且，長久以來，媒體業者總是辯稱：媒體暴力不會對閱聽人產生任何攻擊行為方面的影響。例如，美國電影協會主席 Jack Valenti 就說：「如果你今天切斷所有的電視線路，兩年內街頭上的暴力案件還是不會減少」（Moore, 1993）。

再者，就算媒體業者承認，暴力內容會對閱聽人產生攻擊行為的影響，他們也是採用淨化理論的觀點，認為媒體暴力能紓解閱聽人的攻擊衝動。例如，電視編劇 Grace Johnson 就曾說，電視的暴力內容可以作為「釋放攻擊衝動的活塞」（"See No Evil?", 1954，轉引自 Bushman & Anderson, 2001）。

此外，媒體業者對於電視暴力和攻擊行為之關連的研究結果，也總是感到不悅，辯稱研究結果所得到的關連太小，

不足以證明媒體暴力與攻擊行為之間的直接因果關係，因此，不值得重視。而且，他們認為，兒童和青少年知道電視、電影以及電玩遊戲都只是假想的、不是真實的。

不過，研究證明，媒體業者辯稱的理由都是錯誤的。首先，超過 1,000 個研究，包括 1972 年的 the Surgeon General Report 和 1982 年的 the National Institute of Mental Health Report，都證實媒體暴力與攻擊行為之間的關連，在某些兒童身上確實存在（American Psychological Association, 1993; Comstock & Strasburger, 1993; Dietz & Strasburger, 1991; Klein, et al. 1993; Strasburger, 1993）。

其次，根據研究，兒童在 8 歲前，通常無法分辨真實和假想（Dietz & Strasburger, 1991; Liebert & Sprafkin, 1988）。事實上，接觸媒體暴力時，他們不僅無法分辨真假，更容易學習將暴力視為解決問題時可接受的方式之一，特別是攻擊者如果是以英雄的姿態出現的話，這樣的可能性更高（Comstock & Strasburger, 1993）。

伍、結語

從以上的探討，我們可以確認，影響電視暴力與攻擊行為之關連的因素非常多，而且，影響的過程十分複雜，這也是為什麼電視暴力與攻擊行為的關連會引起許多爭議的原因。

不過，雖然爭議不斷，而且，即使有些研究無法為兩者的因果關係下定論，但是，並不表示電視暴力與攻擊行為之

間毫無關連，至少，可以確定的是，接觸電視暴力，雖然不是引發閱聽人產生攻擊行為的最大因素，但確實是許多因素中，相當重要的一項。

學者 Huesmann（1986）認為，嚴重的反社會攻擊行為，通常是在兒童的發展過程中，許多因素匯集在一起時才會發生的。而且，媒體教育者 Elizabeth Thoman（1999）在 the Center for Media Literacy 網站上的資料表示，貧窮、飢餓、失業、毒品上癮以及槍械氾濫等問題，無可否認的，都是社會上暴力事件不斷攀升的原因，雖然，媒體並不是唯一的因素，但是，媒體暴力的影響絕不能輕忽。

的確，主流研究者也都同意，媒體暴力不能被排除於其他因素之外，而對攻擊行為有比其他因素更大的影響力。誠如傳播學者 Dale Kunkel 的看法，媒體和文化的影響，雖然不一定是最強的，但卻是對兒童影響最廣泛的因素（Mifflin, 1999, May 9）。

美國影評人麥可・米德維（Michael Medved）（1995）指出，電視上的廣告如果能影響 1%的閱聽人，就可以算是很成功的廣告了。假設，電視暴力僅僅使 1%的閱聽人變得較具攻擊性而去傷害他人，這個 1%的效果會太小而不值得重視嗎？答案其實是不言而喻的。

而且，雖然接觸電視只是造成暴力行為的其中一項因素，不過，學者 Centerwall（1992）假設，電視科技如果沒有被發展出來，在美國每年大約會減少 10,000 件兇殺案、70,000 件強暴案和 700,000 件傷害攻擊案。

　　學者 Eron 的看法和 Centerwall 的看法不謀而合。Eron 相信，大約 10%的美國暴力案件是因接觸電視暴力而造成的，而且，他認為，只要修正電視的內容，就可以使全國的暴力減少 10%，是一件應該非常重視並且十分值得做的事（Mortimer, 1994）。學者 Strasburger（1993）也認為，雖然媒體暴力不是造成社會上各種暴力行為的唯一因素，但卻是最容易修正的因素。

　　此外，雖然 Gadow 和 Sprafkin（1989）的研究結果，不支持觀看電視暴力會引發攻擊行為的假設，但是，他們仍然認為，即使科學研究無法證明媒體暴力和真實生活暴力之間的因果關連，然而，單就常識、哲理、人性或美學的觀點考量，就有足夠的理由反對暴力內容的節目。

　　以上許多學者的看法都明確指出一個事實：媒體暴力是造成攻擊行為的因素之一。因此，媒體業者不應以少數一些研究無法為觀看電視暴力與攻擊行為的關連作定論為藉口，而逃避其應該減少或修正媒體暴力內容，以降低媒體對閱聽人產生負面影響的責任。

　　事實上，不僅媒體業者，個人、家庭、學校以及整個社會，都應擔負降低閱聽人受到媒體負面影響的責任。因為，處在這個資訊發達的時代，媒體不僅影響、形塑我們的社會和文化，甚至，媒體本身就是社會和文化的一部份，我們無法排拒媒體於外而生活，因此，我們更應該瞭解媒體、評估媒體的影響、並採取適當的措施降低其負面影響，如此，我們才能夠不受其害、快樂的悠遊在這個充滿文字和影像訊息的世界。

第五章之參考書目

一、中文部份：

1.　朱則剛、吳翠珍（1994）。《我國國小學生電視識讀能力研究》。國科會研究報告（NSC 81-0301-H-032-504）。

2.　吳知賢（1992）。《電視與兒童》。台北：水牛圖書出版事業有限公司。

3.　吳知賢（1998）。《兒童與電視》。台北：桂冠圖書股份有限公司。

4.　吳翠珍（1996），〈兒童電視觀看的社會使用──以卡通節目為例〉，第三屆廣電學術與實務研討會論文。

5.　林東泰（1997）。《大眾傳播理論》。台北：師大書苑有限公司。

6.　周勵志。〈暴力節目對孩子的影響〉，青少年工作資源中心網站。2004 年 10 月 1 日，取自：
　　http://www.socialwork.com.hk/artical/kid/y0409.htm

7.　高申春（2001）。《人性輝煌之路：班度拉的社會學習理論》。台北：貓頭鷹出版社。

8.　謝旭洲（1997），〈暴力卡通影片與國小學童侵略行為的研究〉，《廣播與電視》，第 3 卷第 1 期，頁 71-92。

二、英文部份：

1.　American Psychological Association.（1993）. *Report of the*

American Psychological Association on violence and youth, Vol. 1. Washington, DC: Author.

2. Bailyn, L. （1959）. Mass media and children: A study of exposure habits and cognitive effects. Psychological Monographs, 73, 1-48.

3. Bandura, A. （1973）. *Aggression: A social learning analysis.* Englewood Cliffs, NJ: Prentice-Hall.

4. Bandura, A. （1977）. *Social learning theory.* Englewood Cliffs, NJ: Prentice Hall.

5. Bandura, A. （1986）. *Social foundations of thought and action: A social cognitive theory.* Englewood Cliffs, NJ: Prentice-Hall.

6. Bandura, A, Ross, D., & Ross, S. A. （1961）. Transmission of aggression through imitation of aggressive models. Journal of Abnormal and Social Psychology, 63, 575-582.

7. Bandura, A., Ross, D., & Ross, S. A. （1963a）. Imitation of film-mediated aggressive models. Journal of Abnormal and Social Psychology, 66, 3-11.

8. Bandura, A., Ross, D., & Ross, S.A. （1963b）. Vicarious reinforcement and imitative learning. Journal of Abnormal and Social Psychology, 67, 601-607.

9. Berkowitz, L. （1974）. Some determinants of impulsive aggression: Role of mediated associations with reinforcements for aggression. Psychological Review, 81, 165-176.

10. Berkowitz, L.（1984）. Some effects of thoughts on anti- and prosocial influences of media events: A cognitive-neoassociation analysis. Psychological Bulletin, 95（3）, 410-427.

11. Berkowitz, L.（1986）. Situational influences on reactions to observed violence. Journal of Social Issues, 42, 93-106.

12. Berkowitz, L., & Alioto, J.（1973）. The meaning of an observed event as a determinant of its aggressive consequences, Journal of Personality and Social Psychology, 28, 206-217.

13. Berkowitz, L., & Geen, R.（1967）. Stimulus qualities of the target of aggression: A further study. Journal of Personality and Social Psychology, 5, 364-368.

14. Bushman, B. J. & Anderson, C. A.（2001）. Media violence and the American Public: Scientific facts versus media misinformation. American Psychologist, 56, 477-489.

15. Centerwall, B.S.（1992）. Television and violence: The scale of the problem and where to go from here. Journal of the American Medical Association, 267, 3059-3063.

16. Collins, W.A.（1973）. Effect of temporal separation between motivation, aggression and consequences: A developmental study. Developmental Psychology, 8, 215-221.

17. Collins, W.A.（1979）. Children's comprehension of television content. In E. Wartella（Ed.）, *Children communicating: Media and development of thought, speech,*

understanding. Beverley Hills, CA: Sage.

18. Collins, W.A. （1982）. Cognitive processing aspects of television viewing. In D. Pearl, L. Bouthilet, & J. Lazar （Eds.）, *Television and behavior: Ten years of scientific progress and implications for the eighties, Vol. 2: Technical reviews* （pp. 9-23）. Washington, D.C.: U.S. Government Printing Office.

19. Collins W.A., Berndt, T.J., & Hess, V.L. （1974）. Observational learning of motives and consequences for television aggression: A developmental study. Child Development, 45, 799-802.

20. Comstock, G.A., & Paik, H. （1991）. *Television and the American Child*. New York: Academic Press.

21. Comstock, G.A., & Strasburger, V.C. （1993）. Media violence: Q & A. Adolescent Medicine: State of the Art Review, 4, 495-509.

22. Condry, J. （1989）. *The psychology of television*. Hillsdale, NJ: Erlbaum.

23. Crick, N. R., & Dodge, K. A. （1994）. A review and reformulation of social informal-processing mechanism in children's social adjustment. Psychological Bulletin, 115, 74-101.

24. Deluty, R.H. （1983）. Children's evaluations of aggressive, assertive, and submissive responses. Journal of Clinical Child Psychology, 12（2）, 124-129.

25. Dietz, W.H., & Strasburger, V.C. （1991）. Children, adolescents, and television. Current Problems in Pediatrics, 21, 8-31.

26. Dodge, K.A., & Frame, C.L. （1982）. Social cognitive biases and deficits in aggressive boys. Child Development, 53, 620-635.

27. Dodge, K.A., Murphy, R. R., & Buchsbaum, K.C. （1984）. The assessment of intention-cue detection skills in children: Implications for developmental psychology. Child Development, 55, 163-173.

28. Dodge, K.A., & Newman, J.F. （1981）. Biased decision-making processes in aggressive boys. Journal of Abnormal Psychology, 90, 375-379.

29. Dunand, M., Berkowitz, L., & Leyens, J. （1984）. Audience effects when viewing aggressive movies. British Journal of Social Psychology, 23, 69-76.

30. Eron, L.D. （1963）. Relationship of TV viewing habits and aggressive behavior in children. Journal of Abnormal and Social Psychology, 67, 193-196.

31. Eron, L.D., Huesmann, L.R., Brice, P., Fischer, P., & Mermelstein, R. （1983）. Age trends in the development of aggression, sex-typing, and related television habits. Developmental Psychology, 19 （1）, 71-77.

32. Eron, L.D., Huesmann, L.R., Lefkowize, M.M. & Walder, L.O. （1972）. Does television violence cause aggression?

American Psychologist, 27, 253-263.

33. Feshbach, S.（1972）. Reality and fantasy in filmed violence. In J. Murray, E. Rubinstein, & G. Comstock （Eds.）, *Television and social behavior* （Vol. 2, pp. 318-345）. Washington, D.C.: Department of Health, Education and Welfare.

34. Gadow, K.D., & Sprafkin, J. （1989）. Field experiments of television violence with children: Evidence for an environmental hazard? Pediatrics, 83, 399-405.

35. Geen, R. （1975）. The meaning of observed violence: Real versus fictional violence and effects of aggression and emotional arousal. Journal of Research in Personality, 9, 270-281.

36. Geen, R., & Berkowitz, L. （1966）. Name-mediated aggressive cue properties. Journal of Personality, 34, 456-465.

37. Geen, R., & Berkowitz, L. （1967）. Some conditions facilitating the occurrence of aggression after the observation of violence. Journal of Personality, 35, 666-676.

38. Geen, R., & Rakosky, J. （1973）. Interpretations of observed violence and their effects on GSR. Journal of Experimental Research in Personality, 6, 289-292.

39. Geen, R., & Thomas, S. L. （1986）. The immediate effects of media violence and behavior. Journal of Social Issues, 42(3), 7-27.

40. Gouze, K.R. （1987）. Attention and social problem solving as correlates of aggression in preschool males. Journal of Abnormal Child Psychology, 15, 181-197.

41. Granzberg, G. （1982）. Television as storyteller: The Algonkian Indians of Central Canada. Journal of Communication, 32（1）, 43-52.

42. Grusec, J. （1973）. Effects of co-observer evaluations on imitation: A developmental study. Developmental Psychology, 8, 141.

43. Guerra, N.J., & Slaby, R.G. （1989）. Evaluative factors in social problem solving by aggressive boys. Journal of Abnormal Child Psychology, 17, 277-289.

44. Hawkins, J.D., Von Cleve, E., & Catalano, R.F. （1991）. Reducing early childhood aggression: Result of a primary prevention program. Journal of the American Academy of Child and Adolescent Psychiatry, 30, 208-217.

45. Health, L., Bresolin, L.B., & Rinaldi, R.C. （1989）. Effects of media violence on children. Archives of General Psychiatry, 46, 376-379.

46. Hearold, S. （1986）. A synthesis of 1043 effects of televison on social behavior. In G. Comstock （Ed.）, *Public communications and behavior: Volume 1* （pp. 65-133）. New York: Academic Press.

47. Hicks, D. （1968）. Effects of co-observer's sanctions and adult presence on imitative aggression. Child Development,

38, 303-308.

48. Hinshaw, S. （1992）. Externalizing behavior problems and academic underachievement in childhood and adolescence: Causal relationships and underlying mechanisms. Psychological Bulletin, 111, 127-155.

49. Huesmann, L.R. （1982）. Television violence and aggressive behavior. In D. Pearl, L. Bouthilet, & J. Lazar （Eds.）, *Television and behavior: Ten years of scientific progress and implications for the eighties, Vol. 2: Technical reviews* （pp.126-137）. Washington, D.C.: U.S. Government Printing Office.

50. Huesmann, L.R. （1986）. Psychological processes promoting the relation between exposure to media violence and aggressive behavior by the viewer. Journal of Social Issues, 42, 125-140.

51. Huesmann, L.R. （1988）. An information processing model for the development of aggression. Aggressive Behavior, 14 （1）, 13-24.

52. Huesmann, L.R., & Eron, L.D. （1984）. Cognitive processes and the persistence of aggressive behavior. Aggressive Behavior, 10, 243-251.

53. Huesmann, L.R., & Eron, L.D. （1986）. *Television and the aggressive child: A cross-national comparison*. Hillsdale, NJ: Lawrence Erlbaum Associates.

54. Huesmann, L.R., Eron, L.D., Lefkowitz, M.M., & Walder,

L.O.（1984）. The stability of aggression over time and generations. Developmental Psychology, 20（6）, 1120-1134.

55. Huesmann, L.R., Eron, L.D., & Yarmel, P.W. （1987）. Intellectual functioning and aggression. Journal of Personality and Social Psychology: Personality Processes and Individual Differences, 52, 232-240.

56. Huesmann, L.R., Lagerspetz, K., & Eron, L.D. （1984）. Intervening variables in the TV violence-aggression relation: Evidence from two countries. Developmental Psychology, 20, 746-775.

57. Hughes, J.N., & Cavell, T.A. （1995）. Cognitive-affective approaches to enhancing competence in aggressive children. In G. Cartledge & J.F. Milburn （Eds.）, *Teaching social skills to children and youth* （3rd ed., pp.199-236）. Needham Heights, MA: Allyn and Bacon.

58. Huston, A.C., & Wright, J.C. （1989）. The forms of television and the child viewer. In G. Comstock （Ed.）, *Public communication and behavior* （Vol. 2, pp.103-158）. San Diego, CA: Academic Press.

59. Joy, L.A., Kimball, M.M., & Zabrack, M.L. （1986）. Television and children's aggressive behavior. In T.T. Williams （Ed.）, *The impact of television: A natural experiment in three countries*. Orlando, FL: Academic Press.

60. Klein, J.D., Brown, J.D., & Childers, K.W. （1993）. Adolescents' risky behavior and mass media use. Pediatrics,

92, 24-31.

61.　Kolbert, E. "Television Gets Closer Look As a Factor in Real Violence." New York Times, December 14, 1994, ed.:A1.

62.　Leyens, J.P., Herman, G., & Dunand, M.（1982）. Towards a renewed paradigm in movie violence research. In P. Stringer （Ed.）, *Confronting social issues: Some applications of social psychology （Vol.1）*. New York: Acacemic Press.

63.　Liebert, R.M., & Sprafkin, J.（1988）. *The early window—Effects of television on children and youth.* New York, NY: Pergamon Press.

64.　Lochman, J.E., & Dodge, K.A.（1994）. Social-cognitive processes of severely violent, moderately aggressive, and nonaggressive boys. Journal of Consulting and Clinical Psychology, 62, 366-374.

65.　Lytton, H., & Romney, D.M.（1991）. Parents' differential socialization of boys and girls: A meta-analysis. Psychological Bulletin, 109（2）, 267-296.

66.　McCall, R.B., Parke, R.D., & Kavanaugh, R.D.（1977）. Imitation of live and televised models by children on to three years of age. Monographs of the Society for Research in Child Development, 42.

67.　Medved, M.（1995, October）. Hollywood's 3 big lies. Reader's Digest, 147（882）, 155-159.

68.　Mifflin, L.（1999, May 9）. Many researchers say link is already clear on media and youth violence. New York Times.

Retrieved   May   11,   1999,   from   http:// www.nytimes.com/99/05/09/news/national/

69. Moore, J. W.（1993, December 18）. Lights! Camera! It's gun control time. National Journal, 3007.

70. Mortimer, J.（1994）. How TV violence hit kids. Education Digest, 60（2）, 16-19.

71. National Institute of Mental Health.（1982）. *Television and behavior: Ten years of scientific progress and implications for the eighties.* Washington, DC: U.S. Government Printing Office.

72. Newcomb, A.F., & Collins, W.A.（1979）. Children's comprehension of family role portrayals in televised dramas: Effects of socioeconomic status, ethnicity, and age. Developmental Psychology, 15, 417-423.

73. Parke, R.D., & Slaby, R.G.（1983）. The development of aggression. In Mussen（Ed.）, *Handbook of child psychology*（4th ed., pp.547-642）. New York: John Wiley.

74. Patterson, G.K., Reid, J.B., & Dishion, T.J.（1992）. Antisocial boys. Eugene, OR: Castalia Publishing Company.

75. Perry, D.G., Perry, L.C., & Rasmussen, P.（1986）. Cognitive social learning mediation of aggression. Child Development, 57, 700-711.

76. Potts, R., Huston, A.C., & Wright, J.C.（1986）. The effects of television form and violent content on boys' attention and social behavior. Journal of Experimental Child Psychology,

41（1），1-17.

77. Rule, B.G., & Ferguson, T.J. （1986）. The effects of media violence on attitudes, emotions, and cognitions. Journal of Social Issues, 42（3）, 29-50.

78. Singer, J.L., & Singer, D.G. （1981）. *Television, imagination and aggression: A study of preschoolers play.* Hillsdale, NJ: Erlbaum.

79. Slaby, R.G., & Conklin Roedell, W. （1982）. The development and regulation of aggression in young children. In J. Worell （Ed.）, *Psychological development in the elementary school years* （pp.97-147）. New York: Academic Press.

80. Slaby, R.G., & Guerra, N.G. （1988）. Cognitive mediators of aggression in adolescent offenders. 1. Assessment. Developmental Psychology, 24, 580-588.

81. Steinberg, M.D., & Dodge, K.A. （1983）. Attributional bias in aggressive adolescent boys and girls. Journal of Social and Clinical Psychology, 1, 312-321.

82. Strasburger, V.C. （1993）. Children, adolescents and the media: five crucial issues. Adolescent Medicine: State of the Art Review. 4, 479-493.

83. Surgeon General's Scientific Advisory Committee on Television and Social Behavior. （1972）. *Television and growing up: The impact of televised violence.* Washington, DC: U.S. Government Printing Office.

84. Thoman, E. （1999）. Violence in the media. Center for Media Literacy. Retrieved April 20, 2000, from http://www.medialit.org

85. Tremblay, R., Masse, D., Perron, D., & Leblanc, M. （1992）. Early disruptive behavior, poor school achievement, delinquent behavior, and delinquent personality: Longitudinal analyses. Journal of Consulting and Clinical Psychology, 60 （1）, 64-72.

86. Turner, C.W., & Berkowitz, L. （1972）. Identification with film aggressor （covert role taking） and reactions to film violence. Journal of Personality and Social Psychology, 21, 256-264.

87. Van der Voort, T.H.A. （1986）. *Television violence: A child's eye view*. Amsterdam: North Holland.

88. Wright, J.C., & Huston, A.C. （1983）. A matter of form: Potentials of television for young viewers. American Psychologist, 38, 835-843.

第六章　電視暴力的其它負面效果

壹、前言

　　一些學者認為，過去四、五十年來，電視暴力研究的主軸放在觀看電視暴力是否會增加閱聽人隨後表現攻擊行為的可能性，是電視暴力的爭議至今不止的原因，因為，焦點錯了。媒體教育學者 Elizabeth Thoman（1995）認為，其實，真正應該問的問題是：「當無數的兒童，在他們的成長階段，卻日復一日、年復一年的接觸非常具有影響力的視覺和言語訊息，而這些訊息普遍傳達這樣的觀念——暴力是經常被用來解決問題的方式，在這樣的情況下，觀看電視暴力對兒童閱聽人的心理產生的長期影響是什麼？」

　　因此，為確切瞭解電視暴力對閱聽人的不良影響，我們必須探究，除了攻擊行為效果外，電視暴力的其它負面效果。不過，電視暴力究竟有多少種不同的效果，恐怕連許多研究者也無法明確的知道。

　　針對電視暴力的效果，許多研究有不同的看法，Potter（1999）整理、歸納一些相關研究如下：

　　　（一）Liebert 和 Schwartzberg（1977）的研究提及兩種主
　　　　　　要的效果——直接模仿（direct imitation）和解除抑
　　　　　　制（disinhibition）

　　　（二）Comstock, Chaffee, Katzman, McCombs, and Roberts
　　　　　　（1978）的研究論及四種主要的效果——模仿

（imitation）、解除抑制（disinhibition）、減敏感
（desensitization）和淨化（catharsis）

（三）Hearold（1986）的研究提出三種主要的效果——學
習（learning）、激發暴力行為（incitement of violent
acts）和淨化（catharsis）

（四）Condry（1989）的研究討論四種主要的效果——涵
化（cultivation）、模仿（imitation）、解除抑制
（disinhibition）、和情緒激發／減敏感
（arousal/desensitization）

（五）Signorielli（1991）的研究提及五種主要的效果——
淨化（catharsis）、觀察學習（observational
learning）、解除抑制（disinhibition）、情緒激發
（arousal）和涵化（cultivation）

（六）Gunter（1994）的研究列出七種主要的效果——淨
化（catharsis）、情緒激發（arousal）、模仿
（imitation）、解除抑制（disinhibition）、減敏感
（desensitization）、涵化（cultivation）和恐懼（fear）

（七）The National Television Violence Study（1997, 1998）
的研究論及三種主要的效果——學習（learning）、
減敏感（desensitization）和恐懼（fear）

　　雖然，針對電視暴力的效果，各個研究的看法不盡相同，
不過，媒體效果研究普遍建立一個共識：電視暴力對閱聽人
產生的不良影響中，幾種主要的負面效果為——學習攻擊態
度和行為、對暴力產生減敏感度、產生成為暴力受害人的恐
懼以及對暴力的胃口加大。例如，Comstock 和 Strasburger

（1993）分析近 30 年來、1000 篇以上的研究論文，指出觀看電視暴力的影響包括——助長兒童的反社會行為和攻擊行為、降低對暴力行為的敏感度、使兒童變得喜愛暴力以及愈來愈覺得生活在冷漠和危險中。

而且，根據「美國心理協會」（the American Psychological Association）於 1993 年的報告——Violence and Youth: Psychology's Response，觀看暴力的長期影響為：

（一）增加閱聽人的攻擊行為和反社會行為

（二）增大閱聽人對暴力和暴力受害人的減敏感度

（三）增加閱聽人成為受害者的恐懼

（四）加大閱聽人在娛樂方面和在真實生活中的暴力胃口

另外，根據一些傳播和犯罪社會學者的研究，影像暴力對長期接觸的閱聽人，特別是兒童和青少年，通常具有以下四種效果[15]：

（一）攻擊行為效果——閱聽人產生日漸增強的攻擊態度和行為，相信攻擊、侵略的方式是解決人際衝突的好方法。

（二）對他人的傷痛日漸麻木（desensitization）——閱聽人對真實生活中暴力受害者的傷痛日漸麻木、漠不關心，以致於容忍社會暴力的程度逐漸增加，因而漸漸失去感受傷痛的能力。

---

[15] 請參閱澳門基督教資訊網站上之〈影像暴力的省思〉。其作者為劉鎮歐，網址：http://www.m-ccc.org/m-youth/TV/Violent_TV.html

（三）產生「殘酷世界」併發症（"mean world"syndrome）
——由於在電影和電視上看到的盡是殘暴、血腥的
畫面，因此，閱聽人會感覺社會猶如電影和電視影
集中所描述的情形一般，充滿暴力、血腥，非常危
險，因而變得日益小心、過度自我保護，遠避一切
會產生暴力事件的地方，深怕自己成為下一個受害
者。

（四）對暴力的口味逐漸加重——日積月累接觸影像暴
力的閱聽人，容易產生「血腥痲痺效果」，因此，
對暴力的口味愈來愈重，需要更高的暴力劑量，才
能得到滿足。

　　針對媒體暴力內容遽增的現象，好萊塢導演艾倫・派庫拉
（Allen Pacula）如此評論：「電影暴力就像鹽巴一樣，口味會
愈吃愈重。」而且，他認為，對於影像暴力的高容忍度，也
會變成對於社會暴力行為的高接受度。

　　而且，其他一些相關研究也指出，電視暴力對閱聽人產
生的負面效果中，主要為（Slaby, 1994）：

（一）攻擊者效果（aggressor effect）——觀看電視暴力者
通常比較會對他人行使暴力，表現攻擊行為。

（二）旁觀者效果（bystander effect）——閱聽人經常觀看
電視暴力而變得麻木，因此，對暴力受害者顯得冷
漠、無情。

（三）受害者效果（victim effect）——認同受害者的閱聽
人，較會表現出恐懼、不信任他人以及自我保護等
行為。

（四）食髓知味效果（increased-appetite effect）——閱聽
人因為看多了電視暴力，因此，需要更為殘暴的內
容才能獲得滿足。

雖然，各個研究或許有不同的說法和名稱，不過，許多
研究普遍認為，電視暴力的主要負面效果為以上四種。

貳、暴力內容對閱聽人產生影響的機制

事實上，暴力內容得以產生上述的負面效果，主要是透
過一些心理機制，如：模仿、解禁、減敏感以及情緒激發等
作用。

一、模仿（imitation）作用

根據社會學習理論，接觸電視暴力後，閱聽人會變得較
具攻擊性，其中一個原因為模仿作用，閱聽人模仿、學習電
視角色或行為模範（model）的行為，而表現攻擊行為；而另
外一個原因則是解禁作用。

二、解禁（disinhibition）作用——解除抑制機制

Bandura（1986）的社會認知理論（social cognitive theory）
指出，個人會抑制自己表現攻擊行為，因為預期這類行為會
導致社會譴責，如處罰、監禁，或是自我責備，如罪惡感、
羞愧等。

因此，即使被激怒，通常我們仍然會抑制自己，不以暴
力行為表達憤怒，然而，看到他人表現暴力行為卻會減弱抑
制的能力，因而，在觀看電視暴力後，閱聽人會受到影響而

降低本身對暴力行為的抑制機制，並將在真實生活中行使暴力行為合理化，這個過程就是解禁作用；電視暴力就是透過解禁作用、也就是解除抑制機制的過程，引發閱聽人產生攻擊行為。

三、減敏感（desensitization）作用

減敏感作用是，觀看暴力影片所激起的情緒反應，會因不斷的接觸暴力內容而減低，進而造成情緒鈍化，因此，閱聽人對暴力的心理反應會降低，而且，在真實生活中對暴力的接受程度也會增加，因而影響閱聽人在真實生活中對受害者的同情心，甚至，降低其幫助受害者的意願。

一些研究企圖證明，電視暴力對兒童閱聽人產生的減敏感效果。例如，Drabman 和 Thomas 所作的研究（Drabman & Thomas, 1974a, 1974b, 1976; Thomas & Drabman, 1975）以及 Thomas、Horton、Lippincott 和 Drabman（1977）的研究試圖瞭解，觀看電視暴力是否會影響兒童目睹其他同儕打架時所採取的反應。研究結果顯示，觀看暴力的兒童，較不會尋求成人的協助去阻止目睹的打架事件。Thomas（et al., 1977）因此認為，影片中的暴力內容會導致閱聽人對真實生活暴力產生冷漠的態度。

四、情緒激發（arousal）

根據 Zillmann（1971）提出的興奮轉移理論（excitation transfer theory），閱聽人觀看媒體暴力內容後會產生情緒激發，因為，閱聽人處於興奮狀態而造成行為的改變，因此，「興

奮」是解釋媒體暴力對閱聽人產生攻擊行為效果的重要因素。另外，Zillmann 的研究也發現，由某項活動產生的興奮，可以被轉移到另一項活動，因此，只要媒體內容能令人興奮，不論其為暴力或色情，都會增加閱聽人的攻擊性（Zillmann, 1991）。

　　本文研究者，根據學者提出的不同的理論，就電視暴力透過模仿、解禁、減敏感和情緒激發等心理機制，對閱聽人產生的負面效果，製成圖表六-1。

〈圖表六-1〉：根據不同的理論，媒體暴力透過一些心理機制，對閱聽人產生不同的負面效果

	心理機制	效果
媒體暴力	模仿、學習（社會學習理論）	表現攻擊行為
	解禁（社會學習理論）	表現攻擊行為
	引發攻擊衝動（激發理論、連結理論）	表現攻擊行為
	減敏感	對暴力麻木
	情緒激發（興奮轉移理論）	表現攻擊行為
	（涵化理論）	對暴力恐懼

（資料來源：研究者整理）

參、閱聽人對暴力產生減敏感度

減敏感效果是指，不斷的接觸電視暴力，會降低閱聽人對暴力的心理、情緒反應以及提高閱聽人在真實生活中對暴力的容忍程度，不僅在態度上如此，更表現在行為方面。

一、降低閱聽人對暴力的心理、情緒反應

Osborn 和 Endsley（1971）的研究發現，相較於很少看電視的閱聽人（每周平均少於 4 個小時），看較多電視的閱聽人（每周平均超過 25 個小時），對電視暴力的心理反應較少。

Cline、Croft 和 Courrier（1973）以脈搏的研究說明，相較於常看電視的兒童，不常看電視的兒童，在看到電視中的暴力情節時，其脈搏跳動的變化較大；這顯示，常看電視的兒童，早已過度暴露於暴力情節，因此變得麻木。

Van der Voort（1986）的研究也顯示，觀看較多電視暴力的兒童，比較不會認為暴力是可怕的，也傾向於認為暴力是正當的，因而，較少有激動的情緒反應。

二、在態度方面

減敏感效果表現在閱聽人的態度方面是，對暴力行為冷漠、對暴力受害者無同情之心。

Lovibond（1967）的研究，以瞭解媒體的暴力內容對兒童態度的影響為主。研究發現，兒童如果看許多具有暴力內容的漫畫、廣播、電影和電視，會產生接受暴力和容忍暴力的態度。

一些研究試圖證明，媒體暴力對閱聽人產生的減敏感效果。如 Drabman 和 Thomas（1974a）的研究就指出，一再觀看電視暴力的閱聽人，對真實世界中的暴力行為有較高的容忍度。

學者 Drabman 和 Thomas（1976）表示，媒體暴力導致閱聽人對真實生活中的暴力行為冷漠以對，因為媒體暴力教導兒童「攻擊行為是生活方式之一，不必看得太嚴重」。甚至，因為媒體暴力常常比真實生活中的暴力更為殘暴，因此造成兒童容忍暴力行為的偏差觀念。

此外，Thomas（et al., 1977）等學者也認為，影片中的暴力內容會導致閱聽人對真實生活中的暴力行為產生冷漠的態度，並進而表現在行為上；他們的研究顯示，觀看暴力的兒童，比較不會尋求成人的協助去阻止目睹的打架事件，支持上述的看法。

Gerbner 和一些學者的研究結果，與 Drabman 和 Thomas 的看法吻合。他們的許多研究發現，觀看電視暴力較多者，對真實生活中的暴力較容忍，認為那是生活中的一部份，而且相信暴力是達到目的的一種手段（Gerbner & Gross, 1976; Gerbner, et al., 1978, 1980）。

Josephson（1995）檢視一些針對電視暴力對兒童的影響所作的研究，發現電視暴力會使得兒童認為世界上是充滿打鬥的，也期望以暴力來解決衝突，因而對暴力變得較為麻木。

再者，接觸媒體暴力，也會改變閱聽人對暴力受害者的態度。Linz、Donnerstein 和 Penrod（1984, 1988）的研究發現，

成人男性在看過色情暴力的影片後，對遭受強暴的受害者，變得較沒有同情心；而且，在看過五部色情暴力的影片後，男性覺得影片沒有原先感覺那麼暴力、那麼貶損女性。研究結果充分顯示，接觸暴力後，閱聽人對暴力和暴力受害者的態度轉變。

三、在行為方面

閱聽人對暴力的容忍度提高，表現在行為方面的是，目睹暴力行為時，通常花較長的時間，才會伸出援手。

1970 年代，Drabman 和 Thomas 所作的四項研究（Drabman & Thomas, 1974a, 1974b, 1976; Thomas & Drabman, 1975），試圖瞭解觀看電視暴力是否會影響兒童目睹其他同儕打架時所採取的反應。結果發現，事先看過電視暴力的兒童，比事先沒看過電視暴力的兒童，在目睹暴力時，花更多的時間，才去向成人求助。這四項研究的結果，一直為後來針對這方面作研究的學者所引述。

此外，Thomas（et al., 1977）的研究也顯示，觀看暴力的兒童，比較不會尋求成人的協助去阻止目睹的打架事件。

另外一些學者，如 Molitor 和 Hirsch 試圖複製 Drabman 和 Thomas 的研究，結果與 Drabman 和 Thomas 的研究結果相當一致：事先看過電視暴力的兒童，比事先沒有看過電視暴力的兒童，在有機會目睹其他同儕打鬥時，會花更多的時間，才去尋求大人的協助。Molitor 和 Hirsch 因此認為，兒童在看過電視暴力後，對其他兒童的暴力行為就比較能容忍（Molitor & Hirsch, 1994）。

肆、閱聽人產生成為暴力受害人的恐懼

　　許多研究都支持這個看法：經常觀看電視暴力的閱聽人，會高估他們自己成為暴力受害者的可能性，也普遍認為世界是邪惡的，而且是充滿暴力的地方。

　　美國兒童發展基金會（Foundation for Child Development）曾對 2200 名 7 歲到 11 歲的兒童進行研究，結果發現，觀看電視暴力與對暴力感到恐懼有顯著的關連，即使控制年齡、性別和社經地位等變項，觀看電視暴力仍能影響兒童，使其擔心自己成為暴力的犧牲品（Zill, 1979，轉引自吳知賢，1992）。

　　Bryant、Carveth 和 Brown（1981）的研究，以 90 個大學生為測試對象，目的在瞭解受測者收看經過挑選的電視節目六星期後的焦慮程度和認為自己成為暴力受害者的可能性。研究結果發現，看較多電視且內容為非公平正義的受測者，其焦慮程度明顯增加，而且，認為自己成為暴力受害者的可能性也增加最多。

　　Singer、Singer 和 Rapaczynski（1984）的研究，以 63 位 4 歲的男童、女童為樣本，進行長達 5 年的追蹤調查，直到樣本 9 歲時。研究過程中，研究者定期取得兒童收看電視、攻擊程度以及他們對生活在「冷酷的、可怕的世界」的認知程度等資料。研究結果發現，經常收看電視的閱聽人較傾向於認為自己生活的世界是冷酷、可怕的。

　　此外，Gerbner 等學者從許多以不同年齡的閱聽人作為樣本的研究中也發現，相較於少收視者，高收視者傾向於認為世界是充滿暴力的地方，多數人會使用暴力，因此，對他人

較不信任，也認為自己本身較可能成為暴力受害者（Signorielli & Morgan, 1990）。

伍、結語

從 Sherif（1936）和 Asch（1956）到 Fishbein（1980）和 Berkowitz（1984）的一系列實證研究都顯示，人們的想法、態度和行為，受到他們認為可接受或符合規範的認知影響。而在電視上不斷重複描述的信念或行為，會傳達給閱聽人，讓閱聽人以為這種信念或行為在社會上是可接受的或在文化上是被約定的，因而，增加閱聽人接受這種信念或行為的可能性（McGuire, 1986）。

媒體教育中心（the Center for Media Education）的主席 Kathryn C. Montgomery 也認為：「長時間觀看電視暴力的累積效果才是我們應該關切的重點，通常，長時間接觸暴力內容會創造一種文化，使得兒童認為暴力是解決問題時可接受的方式」（Mifflin, 1999, May 9）。

因此，我們更應該關切媒體暴力對兒童、青少年在認知和態度方面的影響，以及這些影響，就長期而言，是否會產生暴力的結果。而除了學習攻擊態度和行為外，電視暴力對閱聽人在認知、態度以及心理上的長期負面影響顯現在這幾方面：對暴力產生減敏感度、產生成為暴力受害者的恐懼以及對暴力的胃口加大。這些負面效果，就長期而言，對閱聽人的影響力，絕不亞於攻擊行為效果，所以，我們絕不可輕忽。

第六章之參考書目

一、中文部份：

1. 吳知賢（1992）。《電視與兒童》。台北：水牛圖書出版事業有限公司。

2. 劉鎮歐。〈影像暴力的省思〉，澳門基督教資訊網。2004年10月1日，取自：
http://www.m-ccc.org/m-youth/TV/Violent_TV.html

二、英文部份：

1. American Psychological Association.（1993）. *Report of the American Psychological Association on violence and youth, Vol. 1*. Washington, DC: Author.

2. Bandura, A.（1986）. *Social foundations of thought and action: A social cognitive theory*. Englewood Cliffs, NJ: Prentice Hall.

3. Bryant, J., Carveth, R.A., & Brown, D.（1981）. Television viewing and anxiety: An experimental examination. Journal of Communication, 31（1）, 106-119.

4. Cline, V.B., Croft, R.G., & Courrier, S.（1973）. Desensitization of children to television violence. Journal of Personality and Social Psychology, 27, 360-365.

5. Comstock, G.A., & Strasburger, V.C.（1993）. Media

violence: Q & A. Adolescent Medicine: State of the Art Review, 4, 495-509.

6.　Drabman, R.S., & Thomas, M.H. （1974a）. Does media violence increase children's toleration of real-life aggression? Developmental Psychology, 10, 418-421.

7.　Drabman, R.S., & Thomas, M.H. （1974b）. Exposure to filmed violence and children's toleration of real-life aggression. Personality and Social Psychology Bulletin, 1, 198-199.

8.　Drabman, R.S., & Thomas, M.H. （1976）. Does watching violence on television cause apathy? Pediatrics, 57, 329-331.

9.　Gerbner, G. & Gross, L. （1976）. Living with television: The violence profile. Journal of Communication, 26（1）, 173-199.

10.　Gernber, G., Gross, L., Jackson-beeck, M., Jeffries-Fox, S., & Signorielli, N. （1978）. Cultural indicators: Violence profile no. 9. Journal of Communication, 28（3）, 176-207.

11.　Gerbner, G., Gross, L., Morgan, M., & Signorielli, N. （1980）. The "mainstreaming" of America: Violence profile no. 11. Journal of Communication, 30（3）, 10-29.

12.　Josephson, W.L. （1995）. Television violence: A review of the effects on children of different ages. Ottawa: Department of Canadian Heritage/Minister of Supply and Services Canada.

13.　Linz, D.G., Donnerstein, E., & Penrod, S. （1984）. The

effects of multiple exposures to filmed violence against women. Journal of Communication, 34（3）, 130-147.

14. Linz, D.G., Donnerstein, E., & Penrod, S.（1988）. Effects of long-term exposure to violent and sexually degrading depictions of women. Journal of Personality and Social Psychology, 55, 758-768.

15. Lovibond, S.H.（1967）. The effect of media stressing crime and violence upon children's attitudes. Social Problems, 15, 91-100.

16. McGuire, W.J.（1986）. The myth of massive media impact: Savagings and salvagings. In G. Comstock （Ed.）, *Public communication and behavior: Vol. 1* （pp. 173-257）. San Diego, CA: Academic Press.

17. Mifflin, L. （1999, May 9）. Many researchers say link is already clear on media and youth violence. New York Times. Retrieved May 11, 1999, from http://www.nytimes.com/99/05/09/news/national/

18. Molitor, F., & Hirsch, K.W.（1994）. Children's toleration of real life aggression after exposure to media violence: A replication of the Drabman and Thomas studies. Child Study Journal, 24（3）, 191-207.

19. Osborn, D.K. & Endsley, R.C. （1971）. Emotional reactions of young children to TV violence, Child Development, 42, 321-331.

20. Potter, W.J.（1999）. *On media violence*. Thousand Oaks, CA:

Sage.

21. Signorielli, N., & Morgan, M. （Eds.）.（1990）. *Cultivation analysis: New directions in media effects research.* Newbury Park, CA: Sage.

22. Singer, J.L., Singer, D.G., & Rapacynski, W.S. （1984）. Family patterns and television viewing as predictors of children's beliefs and aggression. Journal of Communication, 34, 73-89.

23. Slaby, R.G. （1994）. Closing the education gap on TV's "entertainment" violence. Education Digest, 59（8）, 4-7.

24. Thoman, E. （1995）. TV violence: It's time to break the circle of blame （Summary of testimony to the United States Senate Commerce Committee, July 12, 1995）. Center for Media Literacy. Retrieved March 26, 1996, from http://www.medialit.org/reading_room/article208.html

25. Thomas, M.H., & Drabman, R.S. （1975）. Toleration of real-life aggression as a function of exposure to televised violence and age of subject. Merrill-Palmer Quarterly, 21, 227-232.

26. Thomas, M.H., Horton, R.W., Lippincott, E.C., & Drabman, R.S. （1977）. Desensitization to portrayals of real-life aggression as a function of exposure to television violence. Journal of Personality and Social Psychology, 35, 450-458.

27. Van der Voort, T.H.A. （1986）. *Television violence: A child's eye view.* Amsterdam: North Holland.

28. Zillmann, D. （1971）. Excitation transfer in communication-mediated aggressive behavior. Journal of Experimental Social Psychology, 7, 419-434.

29. Zillmann, D. （1991）. Television viewing and physiological arousal. In J. Bryant & D. Zillmann （Eds.）, *Responding to the screen* （pp. 103-133）. Hillsdale, NJ: Erlbaum.

第七章　媒體暴力[16]的陳述特質

壹、前言

　　不論是否看過，相信大多數閱聽人都知道三立電視台的電視劇「台灣霹靂火」，因為它不僅創下了台灣電視戲劇史上的許多紀錄，如極高的收視率和播出集數僅次於「包青天」，是電視史上第二長壽的八點檔戲劇，更因內容過度暴力、羶腥的走向，而點燃許多的討論話題。

　　劇中人物個性十足的對白，如「送你一桶汽油、一支番仔火」、「我心情若不好，我就會不爽，我不爽就會想要報仇」和「我不甲意輸的感覺」等，不但成為時下流行語，也似乎帶領一股將言語化為行動的風潮。在此劇播出期間，社會上的縱火事件好像特別多，根據報導，在短短不到一個月裡，台北縣蘆州大囍市社區、台中縣的大里健康國宅以及台中縣清水鎮等地都相繼發生縱火事件，其中，台北縣蘆州和台中縣大里這兩樁重大火災的火首幾乎是拷貝「台灣霹靂火」中的角色劉文聰的行為模式，因此，媒體憂心忡忡討論這個現象是否為「台灣霹靂火」中「一桶汽油、一支番仔火」的效應（華嚴蓮社萬行雜誌，225 期）。雖然，我們無法臆測此現象必然與「台灣霹靂火」有關連，但是，媒體的特定內容

---

[16] 本章以「媒體暴力」為名，目的在於與註 3 相呼應，因本書中提及的電視暴力，具有較寬廣的涵義，而媒體暴力包含電視暴力，故以此名稱作論述。

具有煽動性與暗示性，極可能成為社會的負面示範，早已是不爭的事實。

然而，此劇編劇鄭文華在由台灣文化研究協會主辦的文化批判論壇中表示，雖然「台灣霹靂火」因劇中衝突場面多又複雜而不斷地被批評，他仍然相信，「沒有任何一部戲能教壞或教好觀眾」（張博朱，2003 年 10 月 23 日）。其實，鄭文華的說法正是多數媒體業者一貫的說法，不僅認為暴力內容不會對觀眾產生負面影響，更認為暴力是戲劇用以吸引觀眾、不可缺少的重要元素。姑且不論此種說法是否正確，然而，研究顯示不同的暴力描述方式會造成不一樣的媒體效果和影響，因此，媒體業者果真要在戲劇中加入暴力情節，應注意其描述方式。

1980 年代開始，電視暴力研究，已逐漸注重暴力行為的描述方式和情境，以探究媒體如何描述暴力？對閱聽人產生哪些影響？

倘若以日本和美國為例，這兩個國家都有非常多的暴力充斥於電視節目中，然而，為什麼日本的社會沒有美國的社會那麼充滿暴力？如果媒體暴力會導致真實生活中的攻擊行為，為什麼日本受媒體暴力的影響比較小？

為了探究這個問題，Iwao 等學者於 1981 年作了一項研究，發現日本對暴力的描述與美國不同。在日本，媒體暴力的描述較為真實而且比較強調暴力行為的後果，如受害者承受的痛苦。在日本節目中，通常是壞人行使暴力，而好人承受暴力的痛苦後果；在這樣的描述方式中，暴力被視為是錯誤的、是一種會帶來真實的痛苦後果的惡劣行為。有趣的是，

這樣的描述方式與美國節目中將暴力行為合理化的描述方式完全相反（Iwao et al., 1981）。

美國的媒體時常如此描述暴力——不僅暴力被合理化，特別是由「好人」行使暴力，這樣的描述方式對閱聽人有非常大的強化效果（Berkowitz & Rawlings, 1963; Comstock & Strasburger, 1993）。

Iwao（et al., 1981）的研究證明，暴力的描述方式會影響暴力行為對閱聽人產生的負面衝擊程度。而且，美國小兒科學會公共教育委員會（The Committee on Public Education of the American Academy of Pediatrics，簡稱 AAP）的報告與 Iwao（et al., 1981）的研究結果相互呼應。

AAP 針對媒體暴力對兒童的影響發表一項政策宣言；此項政策宣言明白指出，接觸媒體暴力與暴力行為的直接關連性。此外，AAP 的報告更指出，媒體暴力的危險之處在於，如何描述行使暴力的情境；正確的描述行使暴力的情境，可以學習瞭解暴力，而不是學習變得暴力，反之，則結果截然不同。

貳、電視暴力的數量和描述方式

學者 Gerbner 與同事，針對平日黃金時段的節目和週末早晨時段的兒童節目作內容分析，發現兒童節目比黃金時段的節目，包含更多暴力內容。平均而言，超過 90%的兒童節目包含暴力，遠高於黃金時段節目包含暴力的比例 70%。除此之外，兒童節目中暴力行為的比例也最高，每小時超過 20 個暴力行為，而黃金時段的節目，每小時約有 5 個暴力行為

（Gerbner, Gross, Morgan, & Signorielli, 1980; Gerbner, Gross, Signorielli, Morgan, & Jackson-Beeck, 1979）。

另外，Gerbner 和 Signorielli 更進一步研究 1987 年到 1989 年這段期間的電視暴力程度，雖然在這段期間內，電視暴力程度稍有增減，但總體而言，電視觀看者持續不斷的接觸相當高程度的電視暴力。黃金時段的節目，平均每小時包含 5 個暴力情節，而星期六早晨的兒童節目，平均每小時包含 20 個至 25 個暴力情節（Gerbner & Signorielli, 1990，轉引自 Hughes & Hasbrouck, 1996）。研究結果與幾年前的研究結果差異不大，也都顯示兒童最可能看電視的時間，電視暴力的程度竟然最高。

而且，若以看到的暴力總量而言，根據 1989 年 9 月號美國「行家」雜誌（Connoisseur）的報導，美國小孩到 16 歲時，平均在電視上已看過 18,000 次凶殺的情節（鄭貞銘，1995）。此外，Huston、Watkins 和 Kunkel（1989）等學者的研究也發現，美國兒童小學畢業時，已經在電視上看過 8,000 件謀殺事件和 100,000 件其他的暴力行為。不僅如此，Eron 於 1993 年在國會作證時指出，前面的數據可能低估了，因為沒有考量接觸有線頻道這項因素。有線頻道不僅在愈來愈多的家庭中更為普遍，也傾向於比無線電視播放更多的暴力節目。除此而外，兒童還觀看一些限制級的電影，如「終極警探 2」（Die Hard 2）包含 264 個暴力死亡的情節和「機械戰警」（Robocop）包含 81 個暴力死亡的情節（Eron, 1993，轉引自 Hughes & Hasbrouck, 1996）。

此外，為了更進一步瞭解美國的電視內容，Federman

（1996, 1997, 1998）主導的「全國電視暴力研究」（National Television Violence Study），從 1994 年到 1997 年連續三年的時間，全天候檢視包括有線和無線等許多頻道，超過 10,000 個小時的節目。而每一年的研究結果都顯示，在所有節目中，暴力內容佔有相當高的比例，且連續三年，年年如此；約有 61% 的節目包含暴力，以此估計，青少年每年可由電視上看到 10,000 個暴力行為（轉引自 Villani, 2001）。

不過，就電視暴力對閱聽人的影響而言，暴力的描述方式和情境可能比暴力的數量更為重要，因為，不同的暴力描述方式決定媒體暴力對閱聽人產生的效果以及影響的程度，例如，受獎賞的暴力會增加閱聽人學習攻擊行為的可能性，而受懲罰的暴力則會降低此可能性。所以，除了電視暴力的數量外，也必須知道電視暴力的描述方式和情境，才能瞭解電視暴力對閱聽人的影響的全貌。

因此，針對電視暴力作內容分析的研究者，逐漸將注意轉至暴力行為的陳述情境；自 1980 年代開始，暴力行為的陳述情境成為許多電視暴力研究的重點。例如，Williams、Zabrack 和 Joy（1982）檢視暴力行為的企圖、後果和暴力是否以幽默的方式呈現等情境因素；而 Sherman 和 Dominick（1986）研究暴力行為的後果和行使暴力的過程中是否使用武器；另外，Potter 和 Ware（1987）則檢視暴力行為是否得到獎賞、是否被合理化和暴力行為的動機以及是否以英雄的姿態描述行使暴力的角色等情境因素。

「全國電視暴力研究」，這項大規模的研究明確顯示，電視暴力對閱聽人的影響，研究的重點，已由探討電視暴力的

數量，轉而探究電視暴力的陳述情境；而且，以暴力的陳述情境而言，「全國電視暴力研究」的結果中，比較值得注意的是：26%的暴力行為使用武器、38%的暴力行為是由具有吸引力的加害者所行使的以及超過 50%的暴力事件沒有描述暴力造成的痛苦，而且，將近 75%的暴力情節沒有施暴者良心不安、受到譴責或懲罰的描述，甚至，41%的暴力行為以幽默、詼諧的方式呈現。

此外，Wilson（et al., 2002）等學者的研究是以與加害者有關的陳述特質和加害者所行使的暴力是否被合理化為重要的面向。研究發現，約 40%的加害者是具有吸引力的角色，他們可能成為閱聽人的行為模範；而他們行使的暴力行為中，約三分之一是被合理化的。而且，絕大多數的加害者在行使暴力行為後，並無後悔之意或遭受譴責，也就是，大部分的電視暴力是受到寬恕的。

參、暴力陳述特質

電視暴力可用許多不同的方式和情境呈現。暴力行為可能是英雄，也可能是惡棍所執行的；行使暴力者可能受到獎賞，也可能受到懲罰；暴力受害者可能沒受到很大的傷害，也可能身陷於極大的痛苦。這種種不同的描述方式和情境就是暴力的陳述特質。

研究顯示，暴力陳述特質影響閱聽人對暴力行為的解讀，也影響閱聽人對暴力行為可能採取的反應（Comstock & Paik, 1991; Gunter, 1994）。由於，閱聽人用陳述特質來建構暴力的意義，因此，檢視閱聽人如何處理陳述特質所隱含的暗

示訊息是非常重要的，因為不同的暴力陳述特質決定媒體暴
力對閱聽人產生何種影響以及影響的程度。

　　根據學者 Comstock 和 Strasburger（1993）以近 30 年來、
超過 1000 篇以上的研究論文所作的分析，電視暴力如果包含
以下的陳述特質，對閱聽人的影響更大；這些陳述特質為：

　　（一）有效性（efficacy）：描述暴力可以達成所預期的社
　　　　　會、物質、心理方面的獎賞。

　　（二）常態性（normativeness）：描述暴力廣泛的被大眾接
　　　　　受。

　　（三）適當性（pertinence）：描述使用暴力者所處的環境
　　　　　和閱聽人一樣。

　　（四）感受性（susceptibility）：描述暴力的情境讓閱聽人
　　　　　感同身受。

　　此外，根據「全國電視暴力研究」（National Television
Violence Study, Vol. 1, 1997）歸納的一些暴力陳述特質及其對
閱聽人的影響加以說明如下：

一、暴力的動機和正當性（justification）

　　效果研究的文獻探討作成這樣的結論——暴力行為的正
當性，會導致更多的攻擊行為。一些研究支持這個結論，例
如，Berkowitz 和 Rawlings（1963）的研究發現，影片中攻擊
行為的正當性，會減低閱聽人在真實生活中對攻擊行為的抑
制機制。

　　而暴力加害者的動機和價值觀以及暴力行為的目標，則
是閱聽人判斷暴力行為是否正當的重要因素（Ball-Rokeach,

1972）。通常，閱聽人評估暴力行為的意義時，會受到加害者的動機影響。當暴力行為的動機被合理化後，此暴力行為會被視為正當，因此，閱聽人較容易展現解禁效果；也就是，動機決定正當性，正當性進而產生解禁效果。

在各種動機中，以具有報復性的動機，最能產生解禁效果（Berkowitz & Alioto, 1973; Geen & Stonner, 1973, 1974; Hoyt, 1970）。例如，Berkowitz 和 Alioto（1973）的研究發現，相較於以贏得比賽作為動機的影片，以報復作為動機的影片的觀看者在隨後的測試中，表現較多的攻擊行為。另外，當暴力行為被描述為復仇，比被描述為自衛（Hoyt, 1970）、或是暴力行為作為達到有利於他人的目標的方法（Geen & Stonner,1974）等，對閱聽人有更強的解禁效果。

不過，學者 Rule 和 Ferguson（1986）認為，所有的研究都顯示，暴力行為的正當性，有程度上的差異，且因個人的道德觀而不同。如果，從以牙還牙的觀點，報復行為可能比利社會的攻擊行為，被視為更具有正當性。當然，閱聽人評估攻擊行為正當性的程度，會影響其抑制攻擊行為的程度。

此外，學者 Gunter（1985）也認為，被描述的暴力行為是否為合法的或具有道德的，是影響閱聽人對此暴力行為的看法的重要因素；因為，閱聽人通常認為，防衛性的或利他的攻擊行為，比惡意的或殘暴的攻擊行為，較為溫和、也較容易接受。

再者，合理化的暴力具有解禁作用，因為合理化的暴力傳達給閱聽人這樣的訊息：在某些情況下，使用暴力並沒有錯，或者使用暴力是解決人際衝突的可接受的方式。其結果

就是，接觸合理化的暴力會減低或甚至無法啟動閱聽人對攻擊行為的抑制機制。

而且，根據研究顯示，接觸合理化的暴力會增加閱聽人表現攻擊行為的可能性，特別是對那些先被激怒的參與者而言，更是如此；然而，不合理的暴力行為可以降低學習攻擊行為的可能性（Berkowitz & Powers, 1979; Geen, 1981; Geen & Stonner, 1973; Geen & Stonner, 1974; Meyer, 1972）。另外，學者 Paik 和 Comstock（1994）針對超過 200 份研究的分析也顯示，當電視暴力被描述成合理的或社會認可的行為，其對攻擊行為的影響更大。

另一方面，不合理的暴力行為，特別是針對無辜的受害人，會增加閱聽人的恐懼（Bryant, Carveth, & Brown, 1981）。

二、暴力行為的後果（consequences）──受害者所承受的傷害和痛苦

對暴力受害者所承受的負面結果加以描述，是另一個影響閱聽人的抑制機制的暴力陳述方式。通常，被害者受到傷害和承受痛苦的暗示情節，可以提醒閱聽人，暴力行為會產生相當嚴重且負面的結果，因而，閱聽人會啟動本身對暴力行為的抑制機制，如感同身受或同情，因此，降低閱聽人表現攻擊行為的可能性。

許多學者的研究結果顯示，對暴力受害者所承受的傷害和痛苦作明顯的描述，的確會減少或抑制閱聽人學習攻擊行為（Baron, 1971a, 1971b; Schmutte & Taylor, 1980; Wotring & Greenberg, 1973）。例如，Goranson（1969）放映兩種不同後果

的拳擊賽影片給參與者看，其中一部影片沒有描述拳擊賽後的後果，另外一部影片則描述輸的一方被打得很嚴重，且不久後死亡的後果。結果發現，在觀看影片後，沒有看到不好的後果的參與者，較可能表現出攻擊行為（轉引自 Potter, 1999）。

許多研究顯示，在陳述暴力的過程中，如果沒有提及受害者所承受的傷害、痛苦和悲傷等，閱聽人比較不會受到抑制，因而比較會表現攻擊行為，所以，他們的攻擊程度通常會增加。而且，Comstock（et al., 1978）等學者，針對效果研究所作的大規模文獻探討，也持相同的看法。但是，Stein 與 Friedrich（1972）的文獻探討中，則沒有相同的發現。不過，比較近期的研究者相信，受害者是否承受痛苦，是非常重要的情境因素（Comstock, 1985; National Television Violence Study, 1998）。

三、以幽默的方式描述暴力

根據學者的研究發現，幽默式暴力會降低閱聽人對攻擊行為的抑制機制（Baron, 1978; Berkowitz, 1970）。而且，學者 Bandura（1990）也表示，暴力節目中，加害者經常以幽默的方式貶損受害者，因而使得閱聽人無法對受害者產生同情的反應，也因此使閱聽人對攻擊行為產生解禁作用。

此外，學者 Zillmann（1979）認為，幽默式暴力會增加閱聽人情緒激動的程度，因而導致在真實生活中表現攻擊行為的可能性。而且，幽默也可能扭曲或輕忽暴力行為和其後果的嚴重性，因而增加攻擊行為的可能性。

再者，學者認為，以幽默的方式描述暴力還會使得閱聽

人對攻擊行為的嚴重程度變得較為麻木（Jablonski & Zillmann, 1995，轉引自 Wilson et al., 2002）。

四、對暴力加害者的認同（identification）——加害者的英雄地位、吸引人的程度以及與閱聽人相似的程度

根據研究顯示，閱聽人，尤其是兒童，愈認同媒體中的角色，就愈會受到角色的行為影響。而與角色認同有關的特質，包括角色的英雄地位、角色吸引人的程度以及閱聽人認為角色與自己相似的程度。

一般而言，閱聽人比較容易認同被描述成英雄的角色。Liss、Reinhardt 和 Fredriksen（1983）針對從幼稚園到四年級的兒童從事兩項研究，以瞭解卡通中英雄角色的影響；他們發現：「超英雄角色具有說服力、吸引力，而且都不會受到責罰，使得他們的行為很容易被注意和被模仿」。

另外，根據社會認知理論以及實證研究顯示，一個具有吸引力的加害者，比較容易被注意和被認同，所以，更有可能成為強而有力的行為模範，特別是對兒童而言，也因此增加閱聽人學習攻擊行為的可能性（Bandura, 1986, 1994）。其他學者的研究也發現，具有吸引力的角色行使暴力，會增加攻擊行為的可能性（Comstock et al., 1978; Hearold, 1986）。

再者，閱聽人如果認為暴力行使者與自己相似，學習攻擊行為的可能性就會增加（Lieberman Reserch, 1975; Rosekrans & Hartup, 1967，轉引自 Potter, 1999）。

針對 1000 篇以上的文獻作分析，英國學者 Sims 和 Gray（1993）的研究指出，現在的暴力陳述方式，使觀眾偏向認同加

害者而非受害者（吳知賢，民87）。由於認同加害者，更可能模仿或學習加害者的行為，如此，觀看暴力的負面影響就變得更大。

五、獎賞和懲罰（rewards and punishments）

獎賞和懲罰是非常重要的情境因素，也是個人對暴力的認知基模中相當關鍵的部分。暴力加害者受到獎賞或懲罰，是閱聽人決定哪些行為可被接受的重要訊息。

研究顯示，閱聽人如果看到媒體中行使攻擊行為的角色受到獎賞，就愈可能產生解禁效果而表現類似的攻擊行為。不僅如此，Bandura（1965）認為，只要角色行使不好的行為後，沒有受到處罰，並不一定要受到獎賞，便足以產生示範效果（modeling effect）和解禁效果（disinhibition effect）。因此，受到獎賞或沒有受到處罰的暴力行為，都會增加學習攻擊行為的可能性。

但是，在媒體的陳述中，暴力行為如果受到譴責或懲罰，會減少閱聽人學習攻擊行為的可能性，閱聽人的攻擊性也比較會受到抑制（Comstock et al., 1978; Lando & Donnerstein, 1978）。而且，當不具攻擊性的角色受到獎賞，閱聽人的攻擊程度也會被降低（Lando & Donnerstein, 1978）。

除此之外，沒有受到處罰的暴力行為會增加恐懼，特別是這樣的暴力行為顯現出來的是沒有正義且隨時任意發生的（Bryant et al., 1981）。

六、暴力描述的真實程度

根據研究顯示，媒體暴力的描述愈真實，愈會加強閱聽

人學習攻擊的態度和行為。例如，Berkowitz 和 Alioto（1973）
針對大學生從事的研究發現，男性大學生在看過認為是真實
紀錄片的戰爭景象，比看過認為是好萊塢影片的戰爭景象，
在隨後的測試中，對傷害他們的人，表現得較具攻擊性。

另外，Feshbach（1972）的一項研究，給 9 歲至 11 歲的
兒童看一部校園暴動的影片，並告訴其中一半的兒童，所看
的影片是真實事件的新聞影帶，而告訴另一半的兒童，所看
的影片為虛構的影片；結果發現，在隨後有機會處罰同儕的
情況，被告知所看的影片是真實的兒童，表現得較具攻擊性。
同樣的，Atkin（1983）的研究，給 10 歲至 13 歲的兒童觀看
相同的暴力影像，但分別出現在真實的新聞報導中和電影的
宣傳影片中，Atkin（1983）的研究結果與 Feshbach（1972）
的研究結果類似。

再者，暴力的描述愈真實，愈會提高閱聽人的恐懼反應。
一些學者的研究發現，成人在觀看血腥的影片前，如果被告
知影片的內容是捏造的，比較不會感到害怕（Lazarus, Opton,
Nomikos, & Rankin, 1965）；而另一個實驗也發現，相信電影
中所描述的怪物真的存在於所居住的城市中的兒童，比不相
信此怪物真的存在的兒童，更容易被電影中的怪物驚嚇
（Cantor & Hoffner, 1990）。

七、栩栩如生的暴力描述

描述得非常生動的暴力會增加閱聽人學習攻擊行為、對
暴力產生減敏感度和增加對暴力恐懼的可能性。

Huesmann 和同事發現，兒童在某一年內觀看生動的暴力

愈多，愈有可能在隨後幾年的時間內，表現出攻擊行為
（Huesmann, 1986; Huesmann, Eron, Lefkowitz, & Walder,
1984）；且不論是在單一節目內或是數個節目中，接觸生動的
暴力，都會對暴力產生減敏感度（Drabman & Thomas, 1974;
Mullin & Linz, 1995）。

　　除此之外，生動的暴力會增加閱聽人的恐懼程度，不過，
這個效果尚待更多的實驗證明（Ogles & Hoffner, 1987）。

八、描述暴力的過程中出現武器

　　描述暴力的過程中，如果使用傳統的武器，如刀或槍等，
會增加閱聽人透過連結（priming）效果而以攻擊行為作為回
應的可能性（Berkowitz, 1990; Carlson, Marcus-Newhall, &
Miller, 1990）。

　　學者 Berkowitz（1984）認為，影片中某些視覺暗示（cue）
會啟動或連結觀看者的攻擊想法和行為，而武器即具有此視
覺暗示的作用；尤其，像槍和刀這類的武器，更容易激起觀
看者的攻擊行為，因為，這類武器通常與觀看者記憶中儲存
的暴力事件連結在一起（Berkowitz, 1990）。

　　而 Carlson、Marcus-Newhall 和 Miller（1990）以 meta-analysis
的方法檢視 56 份相關研究，發現不論在影片中或在真實生活
中，武器的出現很明顯的會增加閱聽人的攻擊行為；研究結果
非常支持 Berkowitz 認為武器作為視覺暗示的看法。

　　究竟，暴力陳述特質如何影響接觸媒體暴力的三種主要
負面效果──學習暴力行為、對暴力產生恐懼感和對暴力產
生減敏感度，列表如下：

〈圖表七-1〉： 暴力陳述特質與其對媒體暴力的三種主要負面效果之影響

暴力陳述特質	媒體暴力的主要負面效果		
	學習暴力	恐懼暴力	對暴力的減敏感
具吸引力的加害者	↑		
具吸引力的目標	↓		
合理化的暴力行為	↑		
未合理化的暴力行為	↓	↑	
出現武器	↑		
圖像化的描述暴力	↑	↑	↑
看似真實的暴力	↑	↑	
獎賞	↑	↑	
懲罰	↓	↓	
傷害和痛苦的描述	↓		
幽默	↑		↑

（表頭）暴力陳述特質對接觸媒體暴力的三種主要負面效果的預估

資料來源：Wilson et al.（1998）. Violence in television programming overall: University of California, Santa Barbara study. National Television Violence Study, Vol. 2, p.14.

說明： ↑表示媒體暴力的效果可能增強
　　　 ↓表示媒體暴力的效果可能減弱

肆、電視節目的暴力景象分析

以上述論及的暴力陳述特質，檢視目前電視節目的暴力
描述方式，其結果是令人失望、難過的，因為這些描述方式，
通常會降低閱聽人的抑制機制，使閱聽人更容易受電視暴力
的影響。例如，根據 Potter（1999）的研究，他認為美國電視
節目描述暴力的情境具有以下的共通性：

一、大部份的暴力是有企圖的，而且通常不是利社會的動機

許多研究發現，電視上呈現的暴力，通常帶有傷害他人
的企圖。以虛構節目為例，97%的暴力加害者企圖傷害他人
（Williams et al, 1982）；而根據 Potter（et al, 1995）的研究，
58%的暴力行為是惡意的，企圖在身體或情緒方面傷害他人。
此外，在非虛構節目中，60%的暴力行為具有惡意的動機
（Potter et al, 1997）。

二、暴力內容很少描述受害者承受的後果

在描述暴力的過程中，大都沒有呈現受害者的痛楚或苦
難。例如，在虛構節目中，超過 81%的暴力行為，沒有描述
受害者受到的傷害（Williams et al, 1982）。另外，根據「媒體
與公共事務中心」（the Center for Media and Public Affairs,
1994）的研究，76%的暴力情節，沒有描述暴力對受害者在身
體上的傷害，而且，90%的暴力情節，沒有描述暴力對受害者
在情緒方面的影響（轉引自 Potter, 1999）。

此外，「全國電視暴力研究」（National Television Violence

Study，簡稱 NTVS[17]）的報告指出，47%的暴力行為沒有呈現任何傷害，而且，58%的暴力情節，沒有呈現受害者的痛苦。再者，在所有包含暴力的節目中，僅僅只有 16%的比率，描述暴力行為的長期負面影響，如心理上、經濟上或情緒上的傷害（Smith et al., 1999; Wilson et al., 1997, 1998）。

若就非虛構節目而論，Potter（et al., 1997）等學者的研究指出，53.4%的暴力行為沒有呈現受害者的後果，只有 17.2%的暴力行為呈現輕微的後果。而且，NTVS 的報告指出，非虛構節目中，87%的暴力行為沒有呈現長期的負面後果（Whitney et al., 1997）。

三、加害者通常沒有受到處罰

Potter 和 Ware（1987）的研究發現，只有 12%的暴力行為，呈現受到處罰。而且，根據 NTVS 的報告，在虛構的節目中，只有 19%的暴力行為受到處罰，而另外 8%則是在暴力行為後，立即呈現獎賞和處罰兩種後果。此外，Potter（et al., 1997）的研究指出，77.4%的暴力行為，完全沒有受到處罰。再者，若以非虛構的節目為例，67%的暴力行為，沒有呈現受到處罰（Wartella et al., 1998; Whitney et al., 1997）。

倘若以整個節目而論，受到處罰的暴力行為的比例較高，約有 40%的加害者，在節目結束時受到處罰（Smith et al., 1999; Wilson et al., 1997, 1998）；不過，仍然有約 37%的加害者，在整個節目的過程中，都沒有受到任何處罰。

---

[17] 下文再提及此研究報告時，都使用簡稱「NTVS」。

四、大多數的暴力行為被合理化

暴力行為的正當性，因判斷的觀點不同，而有所改變。例如，Potter 和 Ware（1987）的研究發現，如果從加害者的觀點取代社會的觀點作判斷，93%的暴力行為是被合理化的。不過，NTVS 主要以動機來定義暴力行為是否正當，用於保護自己和家人、或是用於報復的暴力行為，通常被視為是正當的；以此觀點，NTVS 發現，32%的暴力行為被視為是正當的（Wilson et al., 1998）。

五、行使暴力的過程中經常使用武器

在行使暴力的過程中使用武器是非常普遍的。根據 NTVS，在虛構的節目中，約有四分之一的暴力行為使用槍枝，另外三分之一的暴力行為使用其他種類的武器（Smith et al., 1999; Wilson et al., 1997, 1998）。而在非虛構的節目中，以槍枝作為武器的暴力行為比例更高，約為 44%（Wartella et al., 1998; Whitney et al., 1997）。

六、大部份的暴力以幽默的方式呈現

電視常以幽默的方式描述暴力。Smythe（1954）的研究發現，約四分之一的暴力是以幽默的方式呈現。而學者 Gerbner 從 1967 年到 1985 年，針對電視所作的內容分析發現，黃金時段節目中，20%的暴力以幽默的方式呈現（Signorielli, 1990）。此外，NTVS 也發現，在虛構的節目中，39%的暴力行為是在幽默的情境中發生（Wartella et al., 1998; Whitney et al., 1997）。

伍、結語

正如同 AAP 的報告所指出的，媒體暴力的危險之處在於，如何描述行使暴力的情境，而且，根據本文的論述顯示，並非所有的暴力內容都有一定程度的負面影響，端視暴力內容如何被呈現。

因此，筆者呼籲媒體業者，如果無法避免採用暴力內容，也應以肯定人性尊嚴為基礎，製作「正當暴力」（valid violence），也就是，暴力情節僅用於影片中，作為強調事件衝突的嚴重性或用以引導對暴力的省思，而不是一昧地濫用「恣意暴力」（gratuitous violence），肆意地誇大、渲染暴力的情節和場景設計。

令人寬慰的是，媒體業者已注意這個事實，而且，或許是在社會壓力之下，媒體的相關組織甚至制定描述暴力時應注意的規範。例如，美國的「全國有線電視協會」（National Cable Television Association, 1993）在政策宣言中指出，「媒體任意使用暴力作為解決人類問題的簡單方法，對媒體業者和整個社會是有害的，因此，我們應努力減少濫用暴力。」此外，「電視聯播網協會」（Network Television Association, 1992）也有類似的做法，不僅提供暴力描述方式的準則，同時建議媒體內容避免使用這類的描述方式——對他人受苦表現冷漠、使兒童成為受害者以及讓兒童容易取得和使用武器等（轉引自 National Television Violence Study, Vol. 1, 1997）。

由此可知，媒體業者已有這樣的體認——要盡量減少使用對閱聽人有極大負面影響的暴力描述方式，可惜的是，這

樣的體認並沒有確實執行、化為實際行動，觀眾仍然不斷的接觸到愈來愈暴力、血腥的影片即為明證。

因為，媒體經常運用心理學上的制約技巧，採用解除抑制機制和強化觀察學習效果等的暴力描述方式，毫無疑問，會對閱聽人產生極大的負面影響，因此，筆者建議，閱聽人應瞭解暴力陳述特質，作為慎選節目內容之參考。

此外，電視暴力的研究趨勢，由以往只注重電視暴力的數量，轉而注重電視暴力的陳述特質。這個新趨勢相當值得重視，因為不同的暴力描述方式和情境，會對閱聽人產生不一樣的影響，而欲瞭解電視暴力對閱聽人的影響，就必須先瞭解電視暴力的陳述特質。此類研究，在美國，大多是數個研究者或機構共同合作，長時間檢視各類型節目中電視暴力的陳述特質，相較而言，國內甚少著墨於電視暴力陳述特質之研究。筆者認為，我們應從事一些類似研究，進一步瞭解國內電視節目中暴力的陳述特質，作為製作節目的參考。

而且，媒體業者也應減少暴力內容以及避免使用會產生極大負面影響的暴力描述方式，以有效降低媒體暴力的負面效果。現任「世界兒童媒體基金會」（World Summit on Media for Children Foundation）總裁的 Patricia Edgar 博士，引用紐約前任市長朱力安尼的「破窗理論」[18]，說明媒體自律亦當如此

---

[18] Patricia Edgar 博士於 2004 年 4 月舉辦的「第四屆世界兒童青少年媒體高峰會」（The 4th World Summit on Media for Children and Adolescents）中，以「媒體：暴力和烏托邦」（Media: Violence and Utopia）為題發表的演說中，以高犯罪率的紐約為例，在前市長朱力安尼大力整頓小罪小惡之後，如漆掉地鐵車廂上的塗

——要起而行，並且在意媒體內容裡小如打巴掌這種暴力（鄧潔，2004 年 5 月 20 日）。媒體業者應以此為念，確實自律，為閱聽人營造良好的媒體環境。

鴉，恢復乾淨的車廂外表以及把坐地鐵不付錢貪小便宜的人銬起來示眾，大的罪行就自動被遏止，並以此譬喻媒體自律。參閱公共電視網站上之〈第四屆世界兒童青少年媒體高峰會出國報告書〉。

第七章之參考書目

一、中文部份：

1.　〈一本佛經加一串念珠〉，《華嚴蓮社萬行雜誌》（225 期）。2005 年 2 月 21 日，取自：http://www.huayen.org.tw/c2251.htm

2.　吳知賢（1998）。《兒童與電視》。台北：桂冠圖書股份有限公司。

3.　張博朱（2003 年 10 月 23 日）。〈文化批評論壇：從「霹靂火」看台灣電視文化〉，《全國學生傳播聯會電子報》。2004 年 9 月 16 日，取自：http://www.ncua.idv.tw/epaper/epaper34-2.htm

4.　鄧潔（2004 年 5 月 20 日）。〈2004 世界兒童青少年媒體高峰會出國報告〉，公共電視網站。2004 年 10 月 25 日，取自：http://www.pts.org.tw/~pubfile/4.training/training102.htm

5.　鄭貞銘（1995）。《新聞原理》。台北：五南圖書出版公司。

二、英文部份：

1.　Atkin, C.（1983）. Effects of realistic TV violence vs. fictional violence on aggression. Journalism Quarterly, 60, 615-621.

2.　Ball-Rokeach, S.J.（1972）. The legitimation of violence. In J.F. Short, Jr., & M.E. Wolfgang（Eds.）, *Collective violence*（pp.100-111）. Chicago: Aldine-Atherton.

3.　Bandura, A.（1965）. Influence of models' reinforcement contingencies on the acquisition of imitative responses.

Journal of Personality and Social Psychology, 1, 589-595.

4.　Bandura, A. （1986）. *Social foundations of thought and action: A social cognitive theory.* Englewood Cliffs, NJ: Prentice-Hall.

5.　Bandura, A. （1990）. Selective activation and disengagement of moral control. Journal of Social Issues, 46, 27-46.

6.　Bandura, A. （1994）. Social cognitive theory of mass communication. In J. Bryant & D. Zillmann （Eds.）, *Media effects* （pp.61-90）. Hillsdale, NJ: Erlbaum.

7.　Baron, R. A. （1971a）. Aggression as a function of magnitude of victim's pain cues, level of prior anger arousal, and aggressor-victim similarity. Journal of Personality and Social Psychology, 18, 48-54.

8.　Baron, R. A. （1971b）. Magnitude of victim's pain cues and level of prior anger arousal as determinants of adult aggressive behavior. Journal of Personality and Social Psychology, 17, 236-243.

9.　Baron, R.A. （1978）. The influence of hostile and nonhostile humor upon physical aggression. Personality and Social Psychology Bulletin, 4, 77-80.

10.　Berkowitz, L. （1970）. Aggressive humor as a stimulus to aggressive responses. Journal of Personality and Social Psychology, 16, 710-717.

11.　Berkowitz, L. （1984）. Some effects of thoughts on anti- and prosocial influences of media events: A cognitive-neoassociation analysis. Psychological Bulletin, 95 (3), 410-427.

12. Berkowitz, L. (1990). On the formation and regulation of anger and aggression: A cognitive neoassociationistic analysis. American Psychologist, 45, 494-503.

13. Berkowitz, L., & Alioto, J.T. (1973). The meaning of an observed event as a determinant of its aggressive consequences. Journal of Personality and Social Psychology, 28, 206-217.

14. Berkowitz, L., & Powers, P.C. (1979). Effects of timing and justification of witnessed aggression on the observers' punitiveness. Journal of Research in Personality, 13, 71-80.

15. Berkowitz, L., & Rawlings, E. (1963). Effects of film violence on inhibitions against subsequent aggression. Journal of Abnormal and Social Psychology, 66, 405-412.

16. Bryant, J., Carveth, R.A., & Brown, D. (1981). Television viewing and anxiety: An experimental examination. Journal of Communication, 31 (1), 106-119.

17. Cantor, J., & Hoffner, C. (1990). Forewarning of a threat and prior knowledge of outcome. Human Communication Research, 16, 323-354.

18. Carlson, M., Marcus-Newhall, A., & Miller, N. (1990). Effects of situational aggression cues: A quantitative review. Journal of Personality and Social Psychology, 58, 622-633.

19. Comstock, G.A. (1985). Television and film violence. In S.

Apter & A. Goldstein（Eds.）, *Youth violence: Programs and prosepects*（pp. 178-218）. New York: Pergamon.

20. Comstock, G., Chaffee, S., Katzman, N., McCombs, M., & Roberts, D.（1978）. *Television and human behavior*. New York: Columbia University Press.

21. Comstock, G.A., & Paik, H.（1991）. *Television and the American Child*. New York: Academic Press.

22. Comstock, G.A., & Strasburger, V.C.（1993）. Media violence: Q & A. Adolescent Medicine: State of the Art Review, 4, 495-509.

23. Drabman, R.S., & Thomas, M.H.（1974）. Does media violence increase children's toleration of real-life aggression? Developmental Psychology, 10, 418-421.

24. Feshbach, S.（1972）. Reality and fantasy in filmed violence. In J. Murray, E. Rubinstein, & G. Comstock（Eds.）, *Television and social behavior*（Vol. 2, pp. 318-345）. Washington, D.C.: Department of Health, Education and Welfare.

25. Geen, R.G.（1981）. Behavioral and physiological reactions to observed violence: Effects of prior exposure to aggressive stimuli. Journal of Personality and Social Psychology, 40, 868-875.

26. Geen, R.G., & Stonner, D.（1973）. Context effects in observed violence. Journal of Personality and Social Psychology, 25, 145-150.

27. Geen, R.G., & Stonner, D.（1974）. The meaning of observed violence: Effects on arousal and aggressive behavior. Journal of Research in Personality, 8, 55-63.

28. Gerbner, G., Gross, L., Morgan, M., & Signorielli, N.（1980）. The "mainstreaming" of America: Violence profile no. 11. Journal of Communication, 30（3）, 10-29.

29. Gerbner, G., Gross, L., Signorielli, N., Morgan, M., & Jackson-Beeck, M.（1979）. The demonstration of power: Violence profile no. 10. Journal of Communication, 29（3）, 177-196.

30. Gunter, B.（1985）. *Dimensions of television violence.* Aldershot, UK: Gower.

31. Gunter, B.（1994）. The question of media violence. In J. Bryant & D. Zillmann（Eds.）, *Media effects: Advances in theory and research*（pp. 163-211）. Hillsdale, NJ: Erlbaum.

32. Hearold, S.（1986）. A synthesis of 1043 effects of television on social behavior. In G. Comstock（Ed.）, *Public Communication and Behavior*（Vol. 1, pp. 65-133）. New York: Academic Press.

33. Hoyt, J.L.（1970）. The effect of media "justification" on aggression. Journal of Broadcasting, 6, 455-464.

34. Huesmann, L.R.（1986）. Psychological processes promoting the relation between exposure to media violence and aggressive behavior by the viewer. Journal of Social Issues, 42, 125-140.

35. Huesmann, L.R., Eron, L.D., Lefkowitz, M.M., & Walder, L.O.（1984）. The stability of aggression over time and generations. Developmental Psychology, 20（6）, 1120-1134.

36. Hughes, J.N., & Hasbrouck, J.E.（1996）. Television violence: implications for violence prevention. The School Psychology Review, 25（2）, 134-151.

37. Huston, A.C., Watkins, B.A., & Kunkel, D.（1989）. Public policy and children's television. American Psychologist, 44, 424-433.

38. Iwao, S., Pool, I.S., & Hagiwara, S.（1981）. Japanese and U.S. media: some crosscultural insights into TV violence. Journal of Communication, 31, 28-36.

39. Lando. H.A., & Donnerstein, E. I.（1978）. The effects of a model's success or failure on subsequent aggressive behavior. Journal of Research In Personality, 12, 225-234.

40. Lazarus, R.S., Opton, E.M., Nomikos, M.S., & Rankin, N.O.（1965）. The principle of short-circuiting of threat: Further evidence. Journal of Personality, 33, 622-635.

41. Liss, M.B., Reinhardt, L.C., & Fredriksen, S.（1983）. TV heroes: The impact of rhetoric and deeds. Journal of Applied Developmental Psychology, 4, 175-187.

42. Meyer, T.P.（1972）. Effects of viewing justified and unjustified real film violence on aggressive behavior. Journal of Personality and Social Psychology, 23, 21-29.

43. Mullin, C.R., & Linz, D.（1995）. Desensitization and

resensitization to violence against women: Effects of exposure to sexually violent films on judgments of domestic violence victims. Journal of Personality and Social Psychology, 69, 449-549.

44. *National television violence study （Vol. 1）*. （1997）. Thousand Oaks, CA: Sage.

45. *National television violence study （Vol. 2）*. （1998）. Thousand Oaks, CA: Sage.

46. Ogles, R.M., & Hoffner, C. （1987）. Film violence and perceptions of crime: The cultivation effect. In M.L. McLaughlin （Ed.）, *Communication yearbook 10* （pp.384-394）. Newbury Park, CA: Sage.

47. Paik, H., & Comstock, G. （1994）. The effects of television violence on antisocial behavior: A meta-analysis. Communication Research, 27, 258-284.

48. Potter, W.J. （1999）. *On media violence.* Thousand Oaks, CA: Sage.

49. Potter, W.J., Vaughan, M., Warren, R., Howley, K., Land, A., & Hagemeyer, J. （1995）. How real is the portrayal of aggression in television entertainment programming? Journal of Broadcasting & Electronic Media, 39, 496-516.

50. Potter, W.J., & Ware, W. （1987）. An analysis of the contexts of antisocial acts on prime-time television. Communication Research, 14, 664-686.

51. Potter, W.J., & Warren, R., Vaughan, M., Howley, K., Land,

A., & Hagemeyer, J.（1997）. Antisocial acts in reality programming on television. Journal of Broadcasting & Electronic Media, 41, 69-75.

52. Rule, B.G., & Ferguson, T.J.（1986）. The effects of media violence on attitudes, emotions, and cognitions. Journal of Social Issues, 42（3）, 29-50.

53. Schmutte, G.T., & Taylor, S. P.（1980）. Physical aggression as a function of alcohol and pain feedback. Journal of Social Psychology, 110, 235-244.

54. Sherman, B.L., & Dominick, J.R.（1986）. Violence and sex in music videos: TV and rock'n'roll. Journal of Communication, 36（1）, 79-93.

55. Signorielli, N.（1990）. Television's mean and dangerous world: A continuation of the cultural indicators perspective. In N. Signorielli & M. Morgan（Eds.）, *Cultivation analysis: New directions in media effects research*（pp. 85-106）. Newbury Park, CA: Sage.

56. Smith, S.L., Wilson, B.J., Kunkel, D., Linz, D., Potter, W.J., Colvin, C.M., & Donnerstein, E.（1999）. Violence in television programming overall: University of California, Santa Barbara study. In *National television violence study*（Vol. 3, pp.5-220）. Thousand Oaks, CA: Sage.

57. Smythe, D.（1954）. Reality as presented by television. Public Opinion Quarterly, 18, 143-156.

58. Stein, A.H., & Friedrich, L.K.（1972）. Television content

and young children's behavior. In J.P. Murray, E.A. Rubinstein, & G.A. Comstock （Eds.）, *Television and social behavior: Reports and papers: Vol. 2. Television and social learning* （pp.202-317）. Washington, DC: Government Printing Office.

59. Villani, S. （2001）. Impact of media on children and adolescents: A 10-year review of the research. Journal of the American Academy of Child and Adolescent Psychiatry, 40 （4）, 392-402.

60. Wartella, E., Whitney, C., Lasorsa, D., Danielson, W., Olivarez, A., Lopez, R., Jennings, N., & Klijn, M. （1998）. Television violence in "reality" programming: University of Texas at Austin study. In *National television violence study* （Vol. 2, pp. 205-266）. Thousand Oaks, CA: Sage.

61. Whitney, C., Wartella, E., Lasorsa, D., Danielson, W., Olivarez, A., Lopez, R., & Klijn, M. （1997）. Television violence in "reality" programming: University of Texas at Austin study. In *National television violence study* （Vol. 1, pp. 269-359）. Thousand Oaks, CA: Sage.

62. Willaims, T.M., Zabrack, M.L., & Joy, L.A. （1982）. The portrayal of aggression on North American television. Journal of Applied Social Psychology, 12, 360-380.

63. Wilson, B., Kunkel, D., Linz, D., Potter, J., Donnerstein, E., Smith, S., Blumenthal, E., & Berry, M. （1998）. Violence in television programming overall: University of California,

Santa Barbara study. In *National television violence study*, Vol. 2 （pp. 3-204）. Thousand Oaks, CA: Sage.

64. Wilson, B.J., Kunkel, D., Linz, D., Potter, J., Donnerstein, E., Smith, S.L., Blumenthal, E., & Gray, T. （1997）. Television violence and its context: University of California, Santa Barbara study. In *National television violence study* Vol. 1 （pp. 3-268）. Thousand Oaks, CA: Sage.

65. Wilson, B., Smith, S.L., Potter, J., Kunkel, D., Linz, D., Colvin, C.M., & Donnerstein, E. （2002）. Violence in children's television programming: Assessing the risks. Journal of Communication, 52（1）, 5-35.

66. Wotring, C.E., & Greenberg, B.S. （1973）. Experiments in televised violence and verbal aggression: Two exploratory studies. Journal of Communication, 23（4）, 446-460.

67. Zillmann, D. （1979）. *Hostility and aggression*. Hillsdale, NJ: Erlbaum.

第八章　現今的惡質傳播現象

壹、前言

　　在現在這個時代，影像媒介形塑、甚至主導一切娛樂、消費、文化、教育以及價值建構，而且，隨著傳播科技的進展、新傳播器材的運用，如錄放影設備、電玩遊戲、電腦和網路等的普及，影像暴力以愈來愈多元的管道和面貌呈現在觀眾面前，影像暴力問題因而更為複雜，也逐漸成為傳播學者和社會學者關注的焦點。

　　然而，現今媒體以營利為目的、以娛樂為號召，利用當代先進的傳播科技，傳送栩栩如生的暴力畫面，呈現暴力的扭曲景象，造成閱聽人對暴力產生錯誤的認知和態度。更有甚者，媒體運用心理學上的制約技巧，採用解除抑制機制和強化觀察學習效果等的暴力描述方式（請參閱第七章），不僅對閱聽人產生極大的負面影響，而且，其所造成的暴力內容過度氾濫以及品質惡化的問題，是現今傳播現象中，令人憂心的問題之一。此外，媒體暴力經常和娛樂連結在一起，閱聽人以娛樂的心情看待暴力，則是傳播現象中，另一個令人憂心的嚴重問題。

貳、暴力內容氾濫、品質惡化

一、媒體內容的暴力情況

　　媒體呈現的內容，充斥過多暴力，而且，品質日益惡化，早已是不爭的事實。以國內的情況而論，電視媒體所呈現的內容，真是亂象紛陳。例如，關心國內電視生態的電視文化研究委員會，於民國85年就其所接獲的「有話就說」觀眾反應的具體意見，歸納並公佈「1996年五大電視亂象」。這些亂象包括，「電視春光鎖不住、偏差觀念誤觀眾」、「靈異節目滿天飛、怪力亂神擾人心」、「暴力血腥漫充斥、誘發犯罪害社會」、「綜藝節目走偏鋒、惡質內容教壞主人翁」以及「媒體報導無尺度、聳動內容引恐慌」等（電視文化家書，第86期）。

　　而且，媒體亂象每況愈下，如《天下雜誌》(2002年4月)以「弱智媒體，大家一起來誤國？」為題，探討台灣媒體為求速度和效果，犧牲應有的原則和品質，呈現過於表面化和煽色腥的內容。

　　另外，根據傳播學者鄭貞銘(2002年8月30日)的觀察，台灣媒體在高度市場競爭壓力的情況下，一昧迎合大眾口味，導致媒體內容背離事實、走向煽腥，而普遍呈現的景況是──內容的過度渲染、標題的誇大不實以及立論證據的極度闕漏等。而除了媒體內容煽腥化之外，台灣媒體環境還有媒體過度民粹化的問題以及因煽腥化、民粹化而衍生出的暴力化、色情化和躁進化的齊一景象。總而言之，台灣媒體環境所呈現的種種問題或景象都非常令人擔憂。

　　再者，兒童福利聯盟自1997年到2000年連續四年「台灣

兒童人權指標報告」的調查結果顯示，在「兒童免受媒體負面
影響」的這項指標上，有將近九成以上的成人和媒體工作者認
為，其表現很差，且其他如「媒體對兒童教化的重視程度」和
「媒體處理新聞事件時尊重兒童的隱私權的情況」等方面，也
都有不足之處。換言之，媒體對兒童不僅有負面影響，甚至，
往往忽視兒童傳播人權[19]的保障與維護（吳翠珍，2003）。

　　此外，情況愈來愈糟。兒童福利聯盟於 2004 年 12 月 8 日
公佈「檢視 2004 年兒童傳播權」的調查結果時表示：「台灣之
子，正深陷嚴重變態的傳播環境中，色情及靈異節目充斥。」
另外，兒盟引述行政院新聞局的統計數據指出，2004 年台灣
電視節目遭到新聞局開罰的數量，快速飆增！自 1 月至 11 月
間，無線電視頻道有 39 件被罰，其中，對兒童和青少年具有
不良影響的有 20 件，約為 51%；而 1 月至 10 月間，有線電
視頻道有 156 件被罰，其中，對兒童和青少年具有不良影響的
有 114 件，約為 73%。甚至，負責執行這項調查的文化大學賴
祥蔚教授在彙整調查結果後，以「嚴重病態」形容台灣的兒童
面臨的傳播環境（中時電子報，2004 年 12 月 8 日）。

　　而作家吳若權在富邦文教基金會舉辦的系列「媒體素養」

---

[19] 由聯合國人權法案與兒童權利法案揭示的主要精神，彙整國際
學術、實務社群對兒童與媒體關係的探討，歸納出兒童傳播人
權的內涵構念，主要有五個面向：（1）兒童免受不當內容影響、
免被政治和商業剝削的權利（2）兒童接收優質兒童媒介訊息的
權利（3）兒童和青少年形象完整呈現於媒體的權利（4）兒童
近用媒體的權利（5）接受媒體素養教育的權利。詳請參閱〈什
麼是兒童傳播人權〉，吳翠珍（2003）著，取自：
http://www.mediaed.nccu.edu.tw/teach/article_8.htm

講座中發表演說時表示，台灣媒體日趨片面化、娛樂化、商業化及扭曲化，影響收視民眾的價值觀，而且，電視台不重節目品質，以收視率高低掛帥，令人憂心。他也表示，當前台灣媒體怪象，與衝突、暴力、搞笑等脫離不了關係，新聞內容沒有深度，無法帶給觀眾值得思考的議題與空間，在商業化導向下，收視率成各家電視台追求的目標，媒體為了求「快」，忽略平衡報導，犧牲追求新聞的真相與品質(王才羚，2004 年 12 月 21 日)。

另一方面，美國影評人麥可·米德維（Michael Medved），在經過多年鍥而不捨的對影像暴力作仔細的觀察和分析後，在他的著作《顛覆好萊塢——大眾文化與傳統之戰》（Hollywood vs. American Popular Culture and the War on Traditional Values）中，提出這樣的觀點——影像暴力的質與量已經產生極大的惡劣變化[20]。其中一項就是媒體暴力內容遽增，電視和電影中，不僅包含驚人的暴力死亡人數，而且，在情節方面也描繪得十分逼真和駭人聽聞。以電影「終極警探 2」（Die Hard 2）和「藍波 III」（Ramboo III）為例，不僅屍體四處橫陳，更有超過一百多個殺人情節的誇張描述。

針對媒體中暴力內容遽增的現象，好萊塢導演艾倫·派庫拉（Allen Pacula）如此評論：「電影暴力就像鹽巴一樣，口味會愈吃愈重。」而且，他認為，對於媒體暴力的高容忍度，也會造成對於社會暴力行為的接受。

---

[20] 請參閱澳門基督教資訊網站上之〈影像暴力的省思〉。其作者為劉鎮歐，網址：http://www.m-ccc.org/m-youth/TV/Violent_TV.html

此外，學者 Bushman 和 Anderson（2001）從 212 份研究中發現，自 1975 年開始，媒體內容愈來愈暴力，閱聽人觀看愈來愈多的暴力內容，因而，媒體暴力的效果不斷的增加。

而傳播社會學者史坦利·羅斯曼（Stanley Rothman）和羅伯特·李奇特（Robert Lichter）針對美國黃金時段電視影集的暴力內容作詳細的研究；研究發現，電視影集中的暴力行為，比社會上真實的暴力行為多更多。根據他們的研究，黃金時段影集中，每集包含 3.6 件犯罪案件，而每家電視台每個晚上至少播放 50 件犯罪案件，一週至少共有 350 件，其中，有 12 件謀殺案，此外，還有 15 到 20 件搶劫、強暴和攻擊等案件。電視影集中，不僅犯罪率高，而且所描繪和強調的，都是最殘暴和最嚴重的犯罪案件。

黃金時段影集對暴力犯罪的不實誇大，使得媒體業者「忠實反映社會真實」的論調不攻自破。美國影評人麥可·米德維（Michael Medved）甚至認為，媒體業者一直宣稱媒體中的暴力內容只是「忠實反映社會真實」的說法，根本就是謊言（Medved, 1995）。

媒體業者對於暴力題材過度迷戀，使之成為剝削性商品（exploitation products），而且，媒體業者一昧地追求即時效應的賣點，絲毫不考慮節目品質的優劣以及其藝術與社會價值[21]。

二、媒體暴力和真實暴力的差異

事實上，媒體暴力和真實暴力是非常不同的。

---

[21] 同上註。

　　首先，兩者之間最大的差別在於暴力的嚴重程度，尤其是，謀殺案件的情況。根據美國聯邦調查局（U.S. Federal Bureau of Investigation, 簡稱 FBI）的統計，所有犯罪案件中只有 0.2%是謀殺案，然而，在電視節目中竟有高達 50%的謀殺案（Oliver, 1994）。

　　為了瞭解在真實世界中，一般大眾的暴力經驗（包括施暴於他人和受到暴力侵害兩種不同的經驗），學者 Gerbner 與同事展開全美國的社會調查工作，以隨機抽樣方法訪問 1,176 個成人和 496 個青少年。研究發現，不論是成人或青少年，大部份人的暴力經驗是「旁觀者」的經驗，而不是施暴於人的「攻擊者」，也不是受到暴力侵害的「受害者」。而且，在真實世界中，個人所受的暴力，不論這三個不同暴力經驗中的哪一種角色，大部份都是屬於比較輕微程度的暴力，如摑掌、踢腳等，而不是刀光劍影、血濺五步的嚴重暴力。

　　而且，Gerbner 與同事發現，電視暴力和真實暴力兩者之間存在極大的差異，這些差異為（林東泰，1997）：

（一）電視暴力無法真正反映真實世界的暴力情況，兩者極為不同。

（二）電視暴力節目通常過分誇大在真實世界的暴力發生機率。

（三）電視暴力節目通常都縱容暴力發生，而在真實世界中，暴力難以受到縱容，它必須有其先決條件。

（四）在真實世界中，暴力通常發生在家庭內、朋友間或彼此認識的人之中，但是，在電視暴力節目中，暴力則通常發生在陌生人之間。

（五）在電視暴力中，最常出現的暴力是使用某些特定武
　　　器，如手槍、匕首等；而在真實世界中，這類重度
　　　暴力的情形則很少出現。

（六）在電視暴力中，最常出現的角色是「攻擊者」，也
　　　就是謀害者，而以「旁觀者」角色出現的情況最少；
　　　但是，在真實世界則正好相反，最常出現的是「旁
　　　觀者」角色，而「攻擊者」角色最少出現。

其次，媒體暴力不像真實暴力般，要承受暴力的後果，
如悲傷、痛苦和不幸等。Gerbner（1992）曾批評，電視呈現
的是「快樂的暴力」（happy violence），暴力描述過程沒有顯
現受害者和其親人所承受的痛苦和不幸（轉引自 National
Television Violence Study, Vol. 1, 1997）。

而 Potter（et al., 1995）等學者也指出，就暴力行為的後
果而言，真實生活中的情況與影片中呈現的模式，有極大的
差異。在真實生活中，暴力行為通常會有嚴重的生理上、情
緒上或心理上的後果；然而，在電視世界中，絕大部份的暴
力陳述過程，忽視受害者不論在生理上、情緒上或心理上所
承受的痛苦。電視呈現給閱聽人的是，對暴力本質不具真實
描述的景象。

學者 Groves（1997）也發現電視上的暴力和真實的暴力
情形常常脫勾。主要差異為：

（一）電視暴力是乾淨的，很少流血的畫面、也很少疼
　　　痛、受苦的描述，更有甚者，角色大都是近乎無敵
　　　的。影片大都以娛樂包裝，讓觀眾以為一切都是好
　　　玩的。

（二）電視暴力經常受到獎賞。

（三）電視上，好人與壞人都有明顯的輪廓，彼此之間有清楚的界定，然而，真實生活中，好人與壞人彼此之間的界定並不清楚。

（四）電視上，通常是好人因行使暴力而得到認同、得到獎賞，提高身分、地位；壞人通常是脆弱的、愚笨的且承受苦果的。雖然，在這樣的描述中，英雄角色可能具有好的特質，傳達的訊息也可能是利社會的，但卻是以暴力行為被合理化的方式描述。

（五）電視暴力以幽默的方式描述，例如，電影「小鬼當家」就是以幽默呈現暴力的最好例子，如此的描述方式，好像透露這樣的訊息：暴力如果是好玩的，就可以被接受。

而且，學者 Newson（1994）也指出，現階段的驚悚暴力影片有一些描述方式，相當值得關注。這些描述方式如下：

（一）影片大都以娛樂包裝，讓觀眾以為一切都是好玩的。

（二）影片常有扭曲的價值觀，並且對性愛和暴力的描述比重相當。

（三）對暴力的描述愈來愈詳細、生動，以達到吸引人的目的。

（四）為使觀眾產生同仇敵愾的心理，把受害者物化是相當普遍的做法，例如，以機器人作為受害者，減少觀眾的同情。

現任「世界兒童媒體基金會」（World Summit on Media for

Children Foundation）總裁的 Patricia Edgar 博士，受邀在「第四屆世界兒童青少年媒體高峰會」（ The 4th World Summit on Media for Children and Adolescents ）中，以「媒體：暴力和烏托邦」（Media: Violence and Utopia）為題發表的演說中指出，媒體呈現一個比真實世界更為暴力的世界，這些暴力內容，使得觀眾對反社會行為、侵略性行為較易容忍，對他人的不幸遭遇漠不關心。而且，毒梟、搶匪以及喪心病狂都成為電影裡的英雄，對與錯的界限愈來愈模糊（鄧潔，2004 年 5 月 20 日）。

總而言之，媒體呈現暴力的扭曲景象，造成閱聽人對暴力產生錯誤的認知和態度，更有甚者，媒體採用解除抑制機制和強化觀察學習效果等的暴力描述方式，毫無疑問，會對閱聽人產生很大的負面影響，此為現今傳播現象中令人憂心的問題之一。

參、暴力娛樂化

此外，現今傳播現象中，另一個令人憂心的嚴重問題則是，媒體暴力經常與娛樂連結在一起，因此，閱聽人通常以娛樂的心情看待暴力。在此情況下，閱聽人，尤其是兒童，一再的觀看暴力並以娛樂的心情看待，會對暴力產生什麼樣的認知、態度，並進而產生什麼樣的行為，非常值得深思與關切。

美國影評人麥可‧米德維（Michael Medved）在其著作中，提出影像暴力的質與量已經產生極大的惡劣變化的看法的同時，他也指出，目前影像暴力質變後的一種普遍現象為，電

視、電影經常從暴力行為中擷取歡笑元素，且將其結合成新型態的「殘酷喜劇」。以阿諾‧史瓦辛格（Arnold Schwarzenegger）主演的電影為例，看過的觀眾都能感受到他在電影中殺人不眨眼的冷酷表情和性格；而且，影片中對待屍體的態度，猶如卡通片般的無所謂，把人體當作卡通人物一樣，肆無忌憚的惡意和輕忽處理，整體情節內容完全忽略對觀眾的情緒所造成的創傷，甚至，「同情」的觀點從未出現在這類影片中。

而且，導演巧妙的藉由影像符號將暴力「美學化」，造成閱聽人對於暴力產生麻痺的感覺，因此，在面對暴力時，不僅一笑置之，更毫無抵抗和反省的能力。這種把喜劇與暴力結合的惡劣作法，對人性產生令人心寒的破壞性——閱聽人開始從銀幕或螢幕上學習殘酷和對傷痛的漠視。

美國一個高中老師告訴她的學生有關 Jonesboro 這件槍擊案之後，她的學生的反應竟然是——笑。這種反應就和在電視、電影中看到流血暴力情節的反應類似——觀眾依舊大笑、歡呼，依然吃喝手中的爆米花和飲料。曾是西點軍校的軍官和教授的軍事專家 Dave Grossman 認為，我們在教養一代將暴力與娛樂連結在一起的野蠻人。其結果是產生一種與愛滋病（AIDS——Acquired Immune Deficiency Syndrome，後天免疫系統缺陷症候群）相似的現象，Grossman 將此種現象稱為 AVIDS——Acquired Violence Immune Deficiency Syndrome，後天暴力免疫系統缺陷症候群（Grossman, 1998）。

肆、暴力電玩遊戲

通常，含有暴力內容的電視和電影會與暴力電玩遊戲相互作用，進而擴大影像暴力的問題，因為，電視和電影將殘暴的影像、思想帶至閱聽人的心中，而電玩遊戲則制約閱聽人的行為，如衝動時即扣板機。

南開大學政法學院心理學樂國安教授甚至認為，電玩遊戲中的暴力比電視暴力更具有危害性，因為，在遊戲中對著無辜而且沒有反應能力的角色開槍，對於人格養成中的兒童、青少年而言，可能會造成相當大的影響。

此外，樂國安教授憂慮的指出，計算機技術使得目前的遊戲畫面越來越逼真、越來越接近生活，對於涉世未深的兒童、青少年而言，往往不能正確的區分虛擬世界與現實社會。而且，暴力遊戲的互動參與性助長他們在日常生活中的行為模式，同時，遊戲中暴力情節的設置，給兒童、青少年參與暴力的體驗機會，會內化到他們的內心世界。這種潛移默化就造成他們就對暴力不再敏感，使他們的某些日常行為規範帶有攻擊性色彩。它的另一個潛在危害是，青少年形成這樣這種錯覺——以為在現實社會中，誰的拳頭硬誰就是「老大」，把暴力方式看作是處理問題的唯一手段，從而助長青少年的暴力傾向，使他們缺少愛心，變得冷酷，滋生反社會的人格(中國網，2002 年 8 月 9 日)。

而且，Grossman 也認為，互動式電玩遊戲與攻擊行為的關連更為直接，因為，在互動式遊戲中，遊戲者必須一直不斷對突然出現在眼前的目標，立刻作出反應。此外，互動式電玩遊戲，容許遊戲者參與暴力，且因為成功的行使暴力而受到獎賞，因

此，參與遊戲者變得更具有攻擊傾向（Caruso, 1999, April 26）。

心理學家 Anderson 和 Dill 也持相同的看法。Anderson 和 Dill（2000）針對暴力電玩遊戲的研究顯示，玩毀滅戰士（Doom）、3D 公爵（Wolfenstein 3D）或 Mortal Combat 等遊戲，的確會對遊戲者產生短期和長期的影響——增加其在真實生活中的攻擊行為。

他們認為，因為遊戲者通常主動參與電玩遊戲中的暴力行為，並且認同施暴者，再加上電玩遊戲的互動特性，暴力電玩遊戲提供一個情境——讓遊戲者不斷的學習和練習以攻擊方式解決衝突，因此，暴力電玩遊戲比電視和電影中的暴力畫面，對閱聽人更具危險性和傷害性。

例如，1999 年發生於美國科羅拉多州科倫拜恩高中的慘案，兩名學生持槍掃射、濫殺同學，在極短的時間內，就殺死了 12 個學生、一個老師，也重傷了 23 個人。據報導，這兩名少年兇手每天都玩幾個小時的毀滅戰士（Doom）[22]遊戲，其中一人還把遊戲的背景改成自己的學校，他們每天最大的樂趣就是打開電腦，拿出遊戲中的槍枝，對著其他角色開槍。

類似的社會事件，總會令我們深思，究竟，為什麼十幾歲的小孩會殺人，而且，根本不把殺人當作一件嚴重的事？

Grossman（1998）認為，殺人絕非人類的本能，必須透過學習、訓練，才可能具備殺人的能力。我們可以從二次世界大戰期間的一項研究得到明證。二次世界大戰期間，U.S. Army Brig. Gen. S. L. A. Marshall 要求一個研究小組作研究，

---

[22] 此電玩遊戲極為血腥，美國軍方核准使用它來訓練士兵殺人，似乎也佐證 Grossman 的看法－殺人並非人類的本能。

以瞭解士兵在戰場上的行為。這是史上第一次，研究個別士兵在戰場上的行為。研究發現，只有 15%到 20%的士兵在面對敵人的時候會開槍（即開槍率）。然而，經由軍方各種不同的訓練方式，韓戰時，開槍率提高到 55%，到越戰時，開槍率甚至提升至 90%以上。軍方利用殘暴手段（brutalization）、古典制約（classical conditioning）、操作性制約（operant conditioning）和角色模塑（role modeling）等訓練方法，使士兵違反人性，具有殺人的能力，來提升開槍率。

此外，Grossman 表示，現在的媒體暴力內容，運用心理學上的制約技巧，與越戰時期用來增加開槍率極為有效的技巧十分相似。所不同的是，媒體運用這些技巧時，並沒有受到服從軍紀和分辨敵我的規範，更糟的是，媒體教我們將暴力和娛樂連結在一起。結果是，加諸於別人的痛苦和磨難成為娛樂的來源，我們不僅麻木不仁，更學習殺人，而且，還學習喜歡殺人（Caruso, 1999, April 26）。

其他學者也深有同感。約翰‧耐思比（John Naisbitt）在其著作《高科技、高思維》（High tech, high touch: Technology and our search for meaning）一書中，就「軍事與任天堂合縱連橫」的電玩遊戲現象，嚴厲的譴責媒體所塑造的暴力文化。他認為，暴力文化在科技的推波助瀾下，日益惡質，導致青少年的侵略行為大幅增加；高科技帶來的影視娛樂與電子遊戲，其實是「暴力的訓練所」，對兒童和青少年有「明顯而立即的危險」[23]（關尚仁，2000）。

---

[23] 約翰‧耐思比引用 1919 年美國大法官何姆斯（Oliver W. Holmes）對於一樁涉及言論自由權案件的判決辭，說明兒童和

伍、結語

傳播大師馬歇爾・麥克魯漢（Marshall McLuhan）曾提出警告，他認為媒體和科技的效果是，「我們會變成我們所觀看到的景象」（McLuhan, 1964）。

因此，在面對現今惡質的傳播現象所呈現出的媒體暴力等相關問題時，我們應該關切媒體暴力對兒童、青少年在認知和態度方面的影響，以及這些影響，就長期而言，是否會產生暴力的後果。很顯然的，層出不窮的重大社會案件，例如，美國近幾年來，接二連三的校園喋血案件以及 2002 年 10 月間，美國華府的冷血殺手殺人案件，都顯現閱聽人變成所觀看到的景象的高度可能性。

根據美國紐約郵報報導，美國科羅拉多州科倫拜恩高中發生的學生持槍濫殺同學的慘劇中，兩位兇嫌行兇時身穿黑色長風衣，一邊開槍殺人，一邊還咯咯怪笑的情景，幾乎與「赤子本色」（Basketball Diary）中，男主角李奧納多狄卡皮歐嗑藥後幻想開槍殺掉老師、同學的故事情節，一模一樣（尹德瀚，1999 年 4 月 22 日）。

而且，美國導演邁克・摩爾以此校園槍擊事件為背景的奧斯卡得獎紀錄片〈科倫拜恩的保齡〉（Bowling for Columbine）也充分顯示，媒體暴力導致美國社會的暴力和屠殺事件與日俱增。

此外，暨南國際大學李家同教授於晚飯時間，在「家庭

青少年需要受到保護，以免於媒體暴力的侵害。

電影院」（HBO）頻道看到「人魔」這部影片，心有所感的投書聯合報。他在投書中表示，美國華府的冷血殺手，擊中 13 人，其中 9 人一槍斃命，另外 4 位也都仍在危險狀況，「這位兇手舉槍殺人，絲毫不會猶豫，其凶殘可想而知。我們看到好萊塢拍這種冷靜而殘忍的殺人電影，也實在早就該料到世界上會有如此的殺人案件了。」同時，李家同教授認為：「宣揚殘忍，美化殘忍，已經是好萊塢文化的一部份，」製片商當然知道這種宣揚殘忍的電影有害於社會，「但是只要有利可圖，他們什麼都會做。」他還表示：「好萊塢已經快變成一個邪惡帝國，正在向全世界傳播邪惡的文化。糟糕的是：世人已經慢慢地接受了這種邪惡的文化」（李家同，2002 年 10 月 25 日）。

「世界兒童媒體基金會」（World Summit on Media for Children Foundation）總裁的 Patricia Edgar 博士，以「媒體：暴力和烏托邦」（Media: Violence and Utopia）為題發表的演說中也指出，西方媒體，特別是美國的媒體，主宰了世人的價值觀，商業媒體利用煽情、色情、血腥和暴力的內容，以追求最大商業利益（鄧潔，2004 年 5 月 20 日）。

根據「美國新聞與世界報導」雜誌（U.S. News & World Report）所作的民調，92%的美國人認為電視是造成社會暴力的因素之一，而且，65%的受訪者認為，電視上的娛樂節目對生活有負面影響（Culture & Ideas, 1994，轉引自 Potter, 1999）。而另一項針對 500 位大學層級的教師和傳播學者所作的民調顯示，即使是大學教授，也認為電視的影響絕大部分是負面的；其中，66%相信接觸電視暴力會造成攻擊行為的增加

（Bybee, Robinson, & Turow, 1982，轉引自 Potter, 1999）。

　　另外一項民意調查也顯示，75%的美國成人相信，電視暴力是造成真實生活中犯罪和攻擊行為的因素，而且，有相當高比例的受訪者認為，好萊塢應該為降低娛樂節目中的暴力成分作更多的努力（Lacayo, 1995，轉引自 Wilson et al, 2002 ）。

　　而且，美國國會近年來不斷呼籲限制暴力節目進入家庭，希拉蕊等議員並指出「不能坐視媒體暴力汙染孩子」的呼籲。所有的民意調查和學術機構提出的相關研究，都反應電視、電影、電玩、唱片、網路等這些流行媒體對「行為暴力化」、「言語粗暴化」、「社會凶殘化」要負最大的責任（富邦社會公益網，2002 年 8 月 26 日）。

　　總而言之，許多重大的社會案件和民調結果，都直指一個事實：媒體暴力是造成社會上暴力事件的因素之一。

　　然而，媒體業者總是辯稱，媒體並非社會上唯一的暴力來源，不過，無可否認的是，現今大眾媒介中的影像暴力所扮演的角色，並非真如媒體業者所言，只是忠實的反映社會真實，而是對社會的暴力起了推波助瀾的作用。的確，暴力的成因相當複雜，不能簡化為單一的因素，不過，即便如此，我們仍然不能以此為藉口，而忽視媒體的負面影響，更不能忽略媒體滴水穿石的效果。

　　「水能載舟，亦能覆舟」，媒體的效果也是如此。對於媒體的負面效果，我們應謹慎面對並加以防範，防範之道為——媒體自律、法令規範和媒體教育。然在唯利是圖的前提下，要求媒體自律，似乎有些緣木求魚。且現代社會注重言論自

由、新聞自由，使用法令來規範媒體，確有困難之處；而一些措施，如推動電視節目分級制度，或在電視機內裝置暴力晶片（V-chip）[24]，都只是消極的防制行為。因此，實施媒體教育，才是根本解決之道。教育媒體閱聽人，尤其是兒童和青少年，教他們認識媒體、瞭解媒體並善用媒體，如此，才能將媒體的負面影響降至最低。我們也才能真正的享受科技發展所帶來的文明進步而不受其害。

---

[24] 美國在 1996 年通過電訊傳播法，規定所有電視機製造商自 1998 年起必須產製帶有 V 晶片（V-chip）的電視，而在節目中設定訊號，由晶片來管制訊號。然我國的有線電視業者，其鎖碼頻道多以簡單的「陷波擾碼法」進行鎖碼，一般用戶可自行購買解碼棒裝置在電視機上，無法真正鎖碼。請參閱《兒童與電視》，吳知賢（1998）著。

第八章之參考書目

一、中文部份：

1. 〈小心暴力遊戲的黑洞〉（2002 年 8 月 9 日）。《中國網》。2005 年 6 月 10 日，取自：
   http://big5.china.com.cn/chinese/2002/Aug/186091.htm

2. 王才羚（2004 年 12 月 21 日）。〈吳若權剖析 媒體現況令人憂心〉，《媒體改造網站》。2005 年 6 月 10 日，取自：
   http://140.136.88.205/vita4/archives/000635.html

3. 尹德瀚（1999 年 4 月 22 日）。〈美驚傳校園喋血案 至少十五死二十餘傷〉，《中國時報》，第 1 版。

4. 吳知賢（1998）。《兒童與電視》。台北：桂冠圖書股份有限公司。

5. 吳翠珍（2003）。〈什麼是兒童傳播人權〉，《人本教育札記》（1 月號）。2005 年 6 月 15 日，取自：
   http://www.mediaed.nccu.edu.tw/teach/article_8.htm

6. 李家同（2002 年 10 月 25 日）。〈從「人魔」「紅龍」想到華府的冷血殺手……好萊塢邪惡帝國征服全世界〉，《聯合報》，第 15 版。

7. 林東泰（1997）。《大眾傳播理論》。台北：師大書苑有限公司。

8. 〈媒體自律 打造零汙染環境〉（2002 年 8 月 26 日）。《富邦社會公益網》。2004 年 10 月 25 日，取自：

http://www.fubon.org/Media/SubItem_Show.asp?SubItem_ID=14

9. 楊瑪利、李雪莉（2002）。〈弱智媒體，大家一起來誤國？〉，《天下雜誌》，4 月份，第 251 期。

10. 電視文化研究委員會（1997）。〈電研會公布五大電視亂象與社會團體同商解決之道〉，《電視文化家書》，第 86 期，頁 1-3。

11. 〈傳媒病態 兒盟痛批〉（2004 年 12 月 8 日）。《中時電子報》。2004 年 12 月 8 日，取自：
http://tw.news.yahoo.com/041208/19/18ige.html

12. 鄧潔（2004 年 5 月 20 日）。〈2004 世界兒童青少年媒體高峰會出國報告〉，《公共電視網站》。2004 年 10 月 25 日，取自：http://www.pts.org.tw/~pubfile/4.training/training102.htm

13. 鄭貞銘（2002 年 08 月 30 日）。〈匡正媒體亂象 需全民共同體會、行動〉，《富邦社會公益網》。2004 年 10 月 20 日，取自：
http://www.fubon.org/Media/SubItem_Show.asp?SubItem_ID=11

14. 劉鎮歐。〈影像暴力的省思〉，《澳門基督教資訊網》。2004 年 10 月 1 日，取自：
http://www.m-ccc.org/m-youth/TV/Violent_TV.html

15. 關尚仁（2000）。〈電視暴力知多少〉，《媒體識讀教育月刊》（第 5 期）。2005 年 6 月 10 日，取自：
http://www.tvcr.org.tw/life/ media05.htm#b

二、英文部份：

1. Anderson, C. A. & Dill, K. E. （2000）. Video games and aggressive thoughts, feelings, and behavior in the laboratory and in life. Journal of Personality and Social Psychology, 78（4）, 772-790.

2. Bushman, B.J. & Anderson, C.A. （2001）. Media violence and the American Public: Scientific facts versus media misinformation, American Psychologist, 56, 477-489.

3. Caruso, D. （1999, April 26）. Linking entertainment to violence. New York Times. Retrieved May 10, 1999, from http://www.nytimes.com/library/tech/99/04/biztech/articles/

4. Grossman, D. （1998）. Trained to kill. Christianity Today, 42 （9）, 30-39.

5. Groves, B.M. （1997）. Growing up in a violent world: The impact of family and community violence on young children and their families. Topics in Early Childhood Special Education, 17 （1）, 74-101.

6. McLuhan, M. （1964）. Understanding media: The extensions of man. New York: Mentor.

7. Medved, M. （1995, October）. Hollywood's 3 big lies. Reader's Digest, 147 （882）, 155-159.

8. *National television violence study （Vol. 1）*. （1997）. Thousand Oaks, CA: Sage.

9. Newson, E. （1994）. Video violence and the protection of children. The Psychologist, June, 272-274.

10. Oliver, M.B. （1994）. Portrayals of crime, race, and aggression in "reality based" police shows: A content analysis. Journal of Broadcasting and Electronic Media, 38, 179-192.

11. Potter, W.J. （1999）. *On media violence*. Thousand Oaks, CA:

Sage.

12. Potter, W.J., Vaughan, M., Warren, R., Howley, K., Land, A., & Hagemeyer, J. (1995) . How real is the portrayal of aggression in television entertainment programming? Journal of Broadcasting & Electronic Media, 39, 496-516.

13. Slaby, R.G. (1994) . Closing the education gap on TV's "entertainment" violence. Education Digest, 59 (8) , 4-7.

14. Wilson, B., Smith, S.L., Potter, J., Kunkel, D., Linz, D., Colvin, C.M., & Donnerstein, E. (2002) . Violence in children's television programming: Assessing the risks. Journal of Communication, 52 (1) , 5-35.

第九章　媒介素養與媒體教育

壹、前言

　　現代閱聽人，身處於傳播科技發達的社會和沉浸於以傳播科技為中介的文化，幾乎無時無刻不在接觸媒體，因此，閱聽人的媒介接觸量，不僅多不勝數，而且，所接收的絕大部份是經過媒體過濾和處理的訊息，其中，許多訊息參雜各種意識形態，影響、甚至形塑閱聽人的認知、態度和行為。

　　不僅如此，媒體也影響、形塑我們的社會和文化，甚至，媒體本身就是社會和文化的一部份，在此情況下，我們想排拒媒體、自外於媒介訊息，似乎難如登天。

　　不良的媒介訊息，不斷的在生活周遭出現，而閱聽人又無法消極的排拒媒介訊息，因此，唯有積極的培養媒介素養，才能正確解讀媒介訊息，免於受到其負面影響，而媒體教育正是培養閱聽人具有媒介素養的良策。

　　媒體教育的目的是，讓閱聽人在面對這個因傳播科技不斷發展而快速變遷的多元文化社會時，不再只是消極的排拒不良的媒介訊息，以免受到其負面影響，而是積極的教育閱聽人瞭解各種媒體，並且學習以分析和批判的思考方式解讀媒介訊息。然而，媒體教育並非鼓吹對媒體盲目批評，而是希望閱聽人能對媒介訊息的優劣具有鑑賞力，能解讀媒介訊息背後的意識形態，了解媒體在他們的日常生活中扮演的角色，進而鼓勵閱聽人做「主動的受眾」，不受媒介訊息任意

左右，培養他們成為高媒介素養者。

貳、媒介素養的意涵

聯合國教科文組織（UNESCO）於 1982 年提出媒介素養的重要性：「我們必須培養年輕一代具備生活在這個充滿具有影響力的影像、文字和聲音的世界的能力」。這個能力就叫做「媒介素養」。

美國紐約哥倫比亞大學的自由論壇媒體研究中心（the Freedom Forum Media Studies Center）的前執行主任 Everette Dennis 指出，不具媒介素養「對人類心靈潛在的傷害和毒害，就如同受污染的水和食物對我們健康的傷害和毒害一般」（Dennis, 1993，轉引自 Potter, 2001）。

一、媒介素養的意義

在許多人的觀念中，識讀（literacy）這個字，意指閱讀書報、雜誌的識字能力，應該只與印刷媒體有關。然而，隨著傳播科技的發展，為了涵蓋電子媒體，如影片和電視，有些人將這個字的意義，擴大為影像識讀（visual literacy）。而以電腦為媒體時，另外一些人則使用電腦識讀（computer literacy）。

學者 Potter 主張，閱讀識讀、影像識讀和電腦識讀並不是媒介素養的同義字，而是構成媒介素養的要素，亦即媒介素養包含這幾種專業能力（Potter, 2001）。

加拿大媒體教育學者 Barry Duncan 也認為，雖然識讀的

重點在於文字，意指讀、寫的能力以及解譯和建構文字所需的技巧，然而，媒介素養則意指，解譯所有的媒體，特別是電視。具有媒介素養就是，閱聽人在觀看節目時，就在從事一項稱為「解構」（deconstruction）的過程，在此過程中，閱聽人將節目中被建構為真實的部份一一分解，且批判的審視所蘊含的價值觀和所欲傳達的訊息。以電視暴力為例，一個媒介識讀者，瞭解製作過程所需的技術和技巧，包括暴力的陳述方式，因此，能從社會的、道德的以及其他觀點，觀看電視暴力節目，而不是僅單純的視其為娛樂（Alter, 1997）。

　　日本媒體教育專家鈴木（Suzuki Midori）教授，針對媒介素養提出的定義為，「所謂的媒介素養，乃是公民對媒體加以社會性、批判性的分析、評論，並且接觸、使用媒體，更以多樣的型態創造互動、溝通的力量。而為獲得這種力量所作的努力，也可稱為媒介素養。」也就是說，在建立媒介素養的過程中，最重要的一點便是培養積極批判、思考媒介訊息的能力（電視文化家書，第 161 期）。

　　另外，學者 Thoman（1999）認為，媒介素養是指，能從每天所接觸的電視、廣播、電腦、報紙、雜誌和廣告等各種媒介的語言和影像符號中，創造個人的意義的能力。而除了包含各種媒介的識讀能力外，Thoman 同時認為，媒介素養還是一種技巧、一個過程、一種思考方式。

　　除此之外，媒介素養也是一種觀點。Potter 對媒介素養所下的定義：媒介素養是當我們接觸媒體時，為了闡釋訊息的意義，主動使用的一種觀點。我們從知識結構建立觀點，而為了要建立知識結構，我們需要工具和材料。工具就是我們

的技巧，而材料就是來自媒體和真實世界的訊息。主動使用意指，我們注意到訊息而且本身知覺的與這些訊息產生互動。

Potter（2001）對媒介素養的定義是根據三個基本概念：

（一）媒介素養是連續性的：

媒介素養不是知識類型，而是一種知識的連續狀態。因此，個人在媒介素養的差別，不是黑白二元、有或沒有，而是程度的區別。

個人的技巧和經驗，構成個人知識結構的質與量，而個人知識結構的質與量，又構成個人對媒體的整體概念。對媒體具有非常強的整體概念者，就是高媒介素養者。

（二）媒介素養是多面向的：

訊息通常包含四個層面：認知、情緒、美學和道德。認知層面意指訊息的事實資料，如日期、姓名和定義等；情緒層面意指有關情緒的資料，如愛、恨、悲傷、快樂、挫折和生氣等；美學層面意指有關製作訊息的資料；而道德層面意指有關價值觀的資料。

認知層面幫助我們知曉媒介組成的複雜意義和產製者所欲傳達的價值，情緒層面使我們能感同身受產製者所欲表達的情感反應，美學層面使我們能欣賞媒介內容，道德層面使我們能辨別訊息內容價值的是非對錯。

（三）媒介素養的目的是使閱聽人更能掌握對媒介內容的闡釋：

所有的媒介訊息，都有表面的意義和更深層的意義。低媒介素養者，因為知識結構較小、較表面、也較缺乏組織，

因而在闡釋媒介訊息的意義時，無法提供適當的觀點，所以
對媒介訊息的觀點有限，受限於接受媒介訊息的表面意義以
及其所呈現的價值觀、信仰和闡釋，易受到媒體控制。

　　反之，高媒介素養者，在闡釋媒介訊息的意義時，能提
供較多的觀點，具有較多選擇，而這些選擇會轉化成力量，
使個人更可以掌握自我的信仰和態度。

　　高媒介素養者，可以清楚知曉媒介訊息的多層意義，因
而增加瞭解能力；也可以掌握意義的決定和選擇，因而增加
掌控能力；再者，更可以從媒介訊息中得到自己想要的，因
而增加鑑賞能力。因此，高媒介素養者可以達到高瞭解能力、
高掌控能力和高鑑賞能力的目標。

二、媒介素養的內涵

　　1992 年，the Annenberg School for Communication 的與會
者大致都同意這個定義：媒介素養是指個人對所使用的媒
體，具有選擇、瞭解、質疑、評估、製作以及深思熟慮的回
應能力。它是用心的觀看、省思的判斷……一種持續進行的
過程。

　　媒體教育者大都同意媒介素養的四個基本內涵（Megee,
1997a, 1997b）：

　　（一）近用（Access）：瞭解如何使用各種媒介，如廣播、
　　　　　有線電視、互動式媒介和其他形式的媒介，以及知
　　　　　曉如何運用透過這些媒介傳送訊息的新科技。

　　（二）分析（Analysis）：具有能力解讀媒介訊息和媒介組
　　　　　織的要素，瞭解媒介的形式和功能，所有權和管理

結構，經濟方面和政策方面的隱喻，訊息、內容、企圖和影響以及解碼其意義。

（三）評估（Evaluation）：具有能力對媒介作判斷，評估和運用新聞道德，評論美學的要素以及比較媒介訊息的價值和組織。

（四）製作（Production）：具有能力以不同的媒介，包括印刷媒介、視覺媒介和電腦等，製作訊息。

因此，媒介素養是指閱聽人有能力去近用（access）、分析（analyze）、評估（evaluate）各種媒介訊息並進而達到溝通（communication）的目的。而一個具備媒介素養的閱聽人，不論對於印刷媒介或電子媒介，都能加以解讀符號、評估訊息、分析訊息內涵甚至產製內容以表達思想，傳遞訊息（家書，第 159 期）。

美國的 National Telemedia Council 指出，媒介素養是一種現代公民必須具備的能力，是一種「懂得選擇媒介，能瞭解媒介的意義、形式、風格、影響，也知道生產媒介的企業與產品間的關係，並且能質疑、評鑑、創造、製作媒介的能力」。因此，媒介素養必須發展以下幾種能力（吳知賢，1998）：

（一）瞭解媒介對個人和社會的影響

（二）瞭解大眾傳播的過程。

（三）發展分析媒介訊息的策略

（四）知曉媒介內容是提供當代文化和個人生活的藍本

（五）因為懂得欣賞媒介內容而開發更深一層的快樂

參、媒體教育的內涵

一、媒體教育的主要概念

聯合國教科文組織於 1993 年第一次發表媒體教育的概念為：「對現代傳媒的溝通方式和表達方法進行專門研究、學習以及教授的學科，在教學理論和實踐中成為專門和自主的研究項目，並作為其他學科，如數學、科學和地理等的輔助教學工具」（媒體識讀教育月刊，第 10 期）。

媒體教育涵蓋的層面很廣，涉及心理學、傳播學、美學、社會學等學科領域。對於媒體教育的內容，學者專家強調的重點不同，但近年來經由歐美各國老師的參與討論，逐漸建立起核心概念的共識，茲以北美地區第一個立法通過教授媒體教育的加拿大安大略省為例，說明媒體教育課程內容所依據的八項核心概念（Pungente, 1989）。

（一） 所有的媒介訊息都是建構出來的（All media are construction.）

媒介所呈現的內容，並不全然是外在真實的反映。許多互動的因素形塑或決定媒介的建構。這些因素包括：媒介產物或文本（text）本身、產製過程的環境和使用的技術、目標閱聽人以及媒介產物的製作人或創造者，如作者、卡通繪圖者、電影導演、電視編劇和音樂作曲者等。

媒體選擇文字、影像和聲音，以重新創造和重新呈現真實，而且媒體通常都很成功的呈現真實，以至於閱聽人總是將媒體呈現的真實視為真實本身。以新聞報導為例，報導呈

現出來的是事件的某個或某些層面，而不是事件的全貌。而且呈現出來的某個或某些層面，是經過許多人過濾後的結果，不盡然能正確、客觀的還原事件的真相。

　　事實上，所有的媒介內容都是建構出來的。都有其目的，包括供給娛樂、提供訊息、達到勸服或是宣傳的目的等。而這些目的，都是運用各式各樣的媒體工具仔細設計出來的。

　　媒體教育就是試圖解構這些隱藏在媒體訊息背後的機制，讓學習者了解為何會呈現這樣的媒體面貌。

（二）媒介建構所謂的「真實」（The media construct reality.）

　　從出生開始，我們就根據媒體所提供的訊息建構這個世界的圖像，我們對世界的觀察與經驗往往是透過媒體，媒體形塑我們對週遭一切的看法和態度。

　　然而，因為媒介建構真實，因此，不斷的接觸媒介，閱聽人面臨這樣的危險——允許媒介建構真實，而不是他們自己建構真實。在某些方面，媒介幫助閱聽人擴展視野、使其洞察力和感覺更為敏銳。然而，在另外某些方面，媒介並不利於閱聽人，因為媒介並不盡然反映真實的生活。無可否認，媒介形塑閱聽人的認知和價值觀，因此，媒介也可能扭曲閱聽人的認知、腐蝕其價值觀以及阻礙其視野。

（三）閱聽人會自行詮釋媒介訊息的意義（Audiences negotiate meaning in the media.）

　　所有的媒介內容都有目的，也都有其觀點。閱聽人必須自行決定媒介內容的目的和觀點並決定接受或拒絕。

　　閱聽人並不是被動的吸收媒介訊息，而是主動的闡釋媒

介訊息的意義。閱聽人會將各種不同的觀念以及過去的經驗，帶入闡釋訊息意義的過程中，因此，這些觀念以及過去的經驗，會影響閱聽人對媒介訊息的解讀。

因為個人截然不同的價值觀和經驗，個人對媒介訊息的解讀也不一樣。如有些人可能會認為車輛追逐的場景是好玩的，令人興奮的；然而，另外一些人可能因為不愉快的聯想而無法觀看這樣的場景。

影響閱聽人對媒介訊息解讀的因素包括：社會階級、經濟地位、教育背景、種族、性別和年齡等。

受到這麼多因素影響，因此，不同的人對同一訊息的解讀可能完全不一樣，閱聽人個人自行決定媒介訊息的意義。

面對媒介訊息時，個人會因不同的興趣、需要、心情、種族、家庭、文化等背景，而有不同的詮釋以及和媒體產生不同的互動。因此同樣的一齣戲，觀看的閱聽人可能有非常歧異的感受，媒體教師應該尊重每個學生的觀點。

（四） 媒介訊息包括商業考量（Media have commercial implications.）

大多數的媒介產物都是商業產品，也都需要獲得利潤。以電視為例，不論是新聞、運動還是娛樂節目，都要看能吸引多少觀眾以及能否得到廣告支持而定。媒體教育就是要讓學習者知道節目時段、內容安排、收視率、廣告對象、市場考量是如何運作。媒體教育也包含所有權（ownership）、控制權（control）以及相關議題的探討。目前各國的媒介經營趨勢，大都朝向所有權集中在少數人之手，或是不同的媒體企

業合併，如此也意味少數人就能決定播出哪一個節目、觀眾可以在螢幕上看到什麼、我們會聽到哪些歌曲、何種議題會被討論報導。

（五）媒介訊息包含意識型態與價值（Media contain ideological and value messages.）

所有的媒介產物不可避免的都含有意識型態或傳達某種價值觀，比如宣揚生活方式或價值理念，並傳遞兩性、種族、職業、年齡等各個層面的文化意涵。

（六）媒介訊息包含社會與政治的運用（Media have social and political implications.）

媒介在社會和政治層面上扮演相當重要的角色，也具有相當大的影響力，它不僅能引導一般大眾關切各種議題，如愛滋病、SARS、和非洲的飢荒等，也能左右觀眾的喜好、帶動風潮，引導流行風尚，更能在選舉時影響民眾對候選人的支持度，具有左右閱聽人政治行為的潛力。

（七）媒介訊息的形式與內容是緊密結合的（Form and content are closely related in the media.）

內容和形式就如魚和水一樣密不可分。沒有內容，形式是沒有生命的；沒有形式，內容也毫無意義。

媒介的形式影響媒介內容的意義。收聽廣播和觀看電視針對同一個主題的報導，可能會產生完全不同的看法。最有名的例子就是，尼克森和甘迺迪競選總統時的辯論；廣播收聽者相信尼克森會贏，而電視觀看者則認為甘迺迪會贏。

每種媒介都有其特定的呈現方式和特質，掌握這些資訊

能讓我們更深入的了解媒介訊息的意義。

媒體教育應教導學生了解不同媒介所使用的符碼與形式特質，才能方便他們運用與解讀媒介訊息。

（八） 每種媒介都有獨特的美學形式（Each medium has a unique aesthetic form.）

閱聽人不應該只滿足於具有解譯和瞭解媒體文本的能力，也應該學習欣賞每種媒體的美學形式。具有瞭解媒介訊息的美學形式的能力，如懂得欣賞影片拍攝手法、分析詩句中的排比與暗喻、感受音樂中的節奏與氣氛等等，就較能提高觀看電視和電影、收聽廣播以及閱讀報紙和雜誌的愉悅程度。

媒體教育不單讓學生了解媒介文本，更重要的是讓他們欣賞每種媒體獨特的美學形式。

二、媒體教育的內容

上述媒體教育的概念是以媒介訊息的特性為基礎而發展的，因此，媒體教育的內容以瞭解媒介和媒介訊息為主。

媒體教育的內容首先是確認、瞭解媒介是社會建構和陳述的方式，其次是瞭解媒介使用的語言、符號、圖像等技巧，更進一步則是超越文章表面，深入的探討內容意義、結構、主題、價值、需求等意識型態。因此，媒體教育除了傳統的讀（接近、瞭解）、寫（創造、設計、產生）內容，還應包含更高層次的批判思考技巧，進而質疑、分析、評估訊息，包括文字、聽覺和視覺等各種媒介訊息（吳知賢，1998）。

　　學者吳翠珍（2002）認為，媒體教育的內涵是：瞭解媒體的符徵與科技、思辨媒體再現、反思閱聽人的意義、分析媒體組織以及影響和近用媒體。

　　事實上，媒體教育的內涵是多面向的，涵蓋認知領域的心理思考，情感領域的情緒瞭解和經驗，美學領域的賞析能力，以及道德領域的價值判斷等。媒體教育主要教導個人對媒介內容作詮釋時，以多元的觀點作為批判媒介內容的態度，並非追尋真實和客觀的標準。媒體教育不只是一套知識或技術，更涉及知識結構的重組，而且也不僅注重認知的面向，更涉及個人在美學情感與道德面向的省思（Potter, 2001）。

　　因此，就媒體教育的具體施行面向而言，應包含以下層面（張宏源，民90）：

　　（一）媒介內容的組成：瞭解每種類型的媒介組成、特性和代表意涵

　　（二）媒介內容的產製：瞭解媒介內容的產製流程

　　（三）媒介內容對閱聽人的影響：各類型媒介對閱聽人的正、負面影響

　　（四）媒體組織的運作：影響媒體組織運作的可能內、外部因素

　　為使一般閱聽人能更能掌握媒體教育的精髓，美國學者Thoman 將媒體教育分為三個階段（Thoman, 1995，轉引自吳翠珍、關尚仁，1999）：

　　（一）第一階段：知道如何選擇和分配花費在媒介的時間

　　（二）第二階段：發展批判思考的分析能力，以檢視媒介傳遞的訊息，並瞭解訊息是如何建立的

（三）第三階段：從社會、政治以及經濟各面向進行分
析，進而根據既有經驗判斷如何由媒介獲得所需訊
息，同時知道媒介如何推動全球的消費經濟

此外，加拿大媒體教育學者 Barry Duncan 提出，由日常
生活中尋找媒體教育的素材，將可使得媒體教育更為生動、
更有效果，而這也點出媒體教育的重要本質：媒體教育雖是
以研究媒介為主，但所關心的，卻是我們周遭俯拾可見的生
活現象，所以，更貼切的說，媒體教育應該是屬於生活知識，
是以批判性的思維和多元的角度關懷和審視生活周遭的傳播
現象。

肆、媒體教育的重要性

在此資訊發達的時代，閱聽人的媒介接觸量，多不勝數。
例如美國的 Kaiser Family Foundation 於 1999 年公佈一項有關
兒童和青少年媒介使用的數據，其中引人注意的是，此項調
查指出，全美兒童和青少年閱聽人每週大約花費將近 40 個小
時在媒介使用上，相當於成人的全職工作時數（家書，第 159
期）。

而不論喜不喜歡、接不接受，媒介負面訊息確實不斷的
在我們的生活周遭中出現，因此，採用較積極的措施，教育
閱聽人認識媒體、瞭解媒體並進而評估媒體，才是減低閱聽
人遭受媒介負面訊息影響的有效作法。

許多研究都強烈建議，媒體教育可以減輕閱聽人受到媒
體負面影響的程度（Brown, 1991; Huston et al., 1992; Singer et
al., 1980）。例如，一些以兒童閱聽人為對象的研究發現，兒童

在接受過以小學課程為基礎的媒體教育後，就比較能以批判思考的方式，評估節目和廣告的內容（Dorr et al., 1980; Roberts et al., 1980）。

此外，一些研究也指出，經常觀看暴力節目者，在接受過媒體教育後，就比較無法接受暴力，而且，表現攻擊行為的情形也減少許多（Huesmann et al., 1983; Gunter, 1994）。

學者 Long 研究曾參與媒體教育的兒童下決定的策略，如購物或挑選餐館。研究發現，與未參與媒體教育的兒童比較，曾參與媒體教育的兒童明顯的能善用較多的資訊，而且，在下決定的過程中運用比較細膩的思考，可見，媒體教育對發展兒童的批判思考能力有所助益（Long, 1989，轉引自吳知賢，1998）。

美國小兒科學會（the American Academy of Pediatrics），於 1990 年代出版五大冊，經過仔細研究、有關媒體的政策宣言。其中，於 1999 年出版的媒體教育（Media Education）是根據這個前提：許多研究的結果建議，媒體教育會降低青少年受到媒體負面影響的程度。此政策宣言中引述加拿大、英國、澳洲以及一些拉丁美洲的國家，成功的將媒體教育融入學校課程中的例子，呼籲美國將媒體教育視為減緩媒體對兒童產生負面影響的有效措施。

的確，在此資訊發達的時代，媒體不僅影響、形塑我們的社會和文化，媒體本身就是社會和文化的一部份，我們無法排拒媒體於外而生活，因此，瞭解媒體、評估媒體的影響、並採取適當的措施降低其負面影響，就顯得重要且刻不容緩。

　　美國杜保羅大學心理學教授曾為文呼籲大眾，基於電視內容可能帶來不良的影響、而且看電視會剝奪其他活動產生排擠效應以及兒童可塑性高但又喜歡以互動式遊戲的學習方式等因素，面對電視可能會對兒童產生重大負面影響的疑慮，以媒體教育強化兒童的媒介素養，是最可行的措施（媒體識讀教育月刊，第 14 期）。

　　處於目前這個充斥著各種訊息的社會，為培養具有媒介素養的閱聽人，推展媒體教育至為重要，綜合學者專家的看法，主要原因為（吳知賢，1998；家書，第 159 期；張宏源，2001）：

（一）　媒介消費時間在日常生活作息時間中佔極大的比例

　　媒介是現代人獲得訊息的主要管道，甚至形成現代人日常生活的一大部份。以電視為例，根據尼爾森媒體研究（Nielsen Media Research）的資料，於 1996 年，在美國，平均每個家庭每週約花費 51 小時看電視，而平均每個人每週約花費 28 小時，大約為每天花費 4 小時看電視（Head & Sterling, 1998）。

　　而根據國內學者的調查，平均每個兒童每週約花費 20 個小時看電視（吳知賢，1992）。此外，台北市少年輔導委員會與富邦文教研究基金會，針對北市國一到高一的 1,250 名學生進行的問卷調查發現，青少年於非休假期間收看電視的時間較以往增加約 2.6 個小時。調查報告同時指出，青少年電視上癮中度及重度者的比率，有八成左右，而上癮的症狀包括：看電視看到欲罷不能、不看電視則情緒變差以及不管電視播

什麼都想看等現象。再者，調查也發現，有五成以上的青少年認同電視劇情所呈現的價值觀，進而模仿劇中人物的行為和待人處事的方式，而且，不少青少年也認為，電視新聞反映社會真實的一面（媒體識讀教育月刊，第 22 期）。

　　大眾對媒介的過度依賴，導致媒介內容的影響在無形中深植於閱聽人的心中，因此，媒體教育非常重要。

（二） 媒介內容是建構而成的，並非事件的真實呈現

　　由於時間、技術以及媒體組織的主觀因素等，媒介內容呈現出來的部份，是媒體產製者希望閱聽人看到的部份，並非真實事件的全貌，就算是新聞報導也是如此。媒體教育可以教導閱聽人知道這個事實，而不會盡信媒介內容，受到媒介內容的左右與宰制。

（三） 媒介內容不僅充斥著種種意識型態和價值觀念，且經常挑戰社會的道德標準

　　媒介內容均隱含著特定的意識型態和價值觀念。以廣告為例，可能傳達消費無罪的意識型態，也可能傳達崇尚名牌的價值觀念，或以親情、愛情、友情等激發情感的方式作為訴求，不論為何，其最終目的都是要說服閱聽人從事消費。而戲劇節目中，也可能傳達的是悲情意識、或是時下青少年的次文化價值觀等。

　　更有甚者，由於傳播科技和電腦科技的緊密結合，媒介產製者為了競爭，遊走於法律邊緣，生產挑戰社會道德標準的媒介內容。

　　另一方面，媒介內容也都隱含產製者欲傳達的特定意

義，不全然都是正面的，甚至，還有一些媒介內容隱含足以使道德淪喪的觀念。面對這種媒介內容，唯有透過媒體教育，教導閱聽人加以分辨媒介內容的優劣，才能不受劣質媒介內容的影響，免於受有心人士的掌控。

（四） 媒介內容為許多政治、經濟、社會力量相互運作下的產物

媒介內容在產製的過程中，經常受到政治、經濟和社會等各種力量的影響，是多方面考量下的結果。以新聞報導為例，報導的內容是新聞事件相關人物、記者和媒體主管等，在各人伸張各自的主張、立場後所呈現的，早已和事件本質相去甚遠。

（五） 媒介產製者和媒介消費者之間存在不平衡的關係，媒介產製者將媒介消費者的權益棄於不顧

媒體組織以收視率、閱報率以及營收等商業利益，作為產製內容的考量，而不是從民眾知的權利上著眼，因此，只要能提高收視率、增加廣告量和營收利益，儘管是羶色腥等對閱聽人有不良影響的內容，媒體組織依然趨之若鶩，完全將這類不良的內容對閱聽人的負面影響置之不理。在此情況下，閱聽人唯有接受媒體教育、充實對媒體以及媒介內容的認識和瞭解，才能減輕媒介內容對其產生的負面影響。

（六） 傳播產業集團化、全球化的趨勢

媒介所再現的意見市場、人際關係和社群互動在全球化的經濟規模下日趨單元化。閱聽人更需接受媒體教育、培養媒介素養，以自主、多元的思考角度，發揮媒介近用權，保障自身權益，以避免傳播集團對閱聽人權益的任意剝削。

伍、結語

　　隨著傳播科技日新月異的發展，廣播、電視、錄影設備、電腦網路等各種媒體，已經根深蒂固的存在我們的生活中，我們無法排拒媒體於外，因此，有關媒體對兒童、青少年的負面影響的關切，不能再以過去「保護兒童、青少年免於受媒體危害」的角度考量，只是消極的保護兒童、青少年閱聽人，避免接觸負面的媒介訊息，而應該以「小公民」的權利的角度，把運用媒體的權利交給兒童、青少年[25]。因此，我們應該更積極的從事媒體教育，幫助閱聽人理性地辨別訊息的意義，提高對負面資訊的判斷能力，分辨媒體真實與社會真實，形成對媒體性質和功能的正確認識，以及學習如何使用媒體、如何利用媒體發展自我。

　　事實上，許多先進的民主國家，如英國、加拿大、澳洲等，早已把媒體教育納入正規的教育體系中，而鄰近的日本

---

[25] 令人欣慰的是，這種觀念已經逐漸成形，從第一次「電視與兒童」世界高峰會議到第二次會議，即清楚的顯示：兒童已從被動和等待保護的角色，變為主動的媒體參與者。如1995年3月第一次會議達成共識，認為單純的保護主義無法從根本解決問題，重要的是必須建立「兒童權利」的觀念，兒童是社會的「小公民」，擁有從電視媒體上學習有益的知識和文化、以及享受健康的娛樂的權利。此會議並制定兒童電視憲章（The Children's Television Charter），訂定兒童節目的準則，包括兒童節目必須優質、去商業化、增強兒童對環境和自我的信心、有利於兒童學習語言和文化、摒棄暴力和性以及定時播出節目等。而至1998年的第二次會議則加入兒童代表，他們在會議中，除了表達對電視兒童節目的不滿，還就兒童觀點修改前次會議所建立的兒童電視憲章。請參閱媒體識讀教育月刊，第42期。

和香港也自 1990 年代起，持續推展媒體教育，並且，體認到將媒體教育納入正規學校課程和終身教育的必要性。總之，媒體教育成為學校教育的一環，已經是許多國家都具有共識的世界趨勢。

而台灣的媒體教育剛開始大都由非營利組織和大學傳播相關科系等推動，其中，「媒體識讀推廣中心」、「富邦文教基金會」、「公共電視台」、「政大媒體素養研究室」、「媒體觀察教育基金會」等[26]分別在媒體教育的推廣過程中，扮演不同的重要角色。

雖然，台灣媒體教育的起步較一些先進的國家為晚，不過，值得慶幸的是，教育部於 2002 年公布「媒體素養教育政策白皮書」，使臺灣成為亞洲第一個由政府通過媒體素養教育政策白皮書的國家。根據教育部的構想，媒體素養觀念將融入國中小、高中職以及大學院校，甚至推廣至社會教育的相關學習內容之中；這個發展符合媒體教育的世界趨勢。

當然，媒體素養教育的推展，需要各方面的配合，除了正規教育體系之外，家長的關注也非常重要，因為兒童、青少年大部分的媒體接觸都是在家庭中進行。父母若能夠多關心、了解孩子的媒體接觸時間和內容，並且，適時適當的與孩子討論媒體訊息中的優缺點和價值觀，也是媒體素養教育是否能夠成功的關鍵因素（張錦華，2004 年 10 月 26 日）。

殷切期盼家庭、學校以及整個社會都能全面配合，積極推展媒體教育，果真如此，閱聽人即具備能夠瞭解並批判各

---

[26] 關於這些機構進一步的介紹和相關資訊，請參閱本書的附錄一。

種媒體的能力，因而，閱聽人得以闡釋所接觸的媒介訊息，而不是讓訊息本身所隱含的意義操控他們。這種闡釋媒介訊息的能力就是現代公民都必須具備的媒介素養，亦即一種懂得選擇媒介、能夠瞭解媒介，並且具有質疑、評鑑、創造、製作媒介的能力。而媒體教育主要教導個人對媒介內容作詮釋時，以多元的觀點作為批判媒介內容的態度，培養閱聽人成為媒介素養者。

根據學者吳翠珍（2002）的看法，媒體教育的目標主要培養兩種能力：釋放（liberating）和賦權（empowerment）。釋放（liberating）是指個人在心智上能夠看透媒體所建構的迷障，不被媒體左右，更能進行社會參與，使用媒體表達對公共事務的關心，促進公民民主素養。賦權（empowerment）則指個人有自主能力去分辨、選擇、評估媒體及其內容，進而透過理性的思考與對話，去影響、督促媒體改善內容，乃至培養公民產製創意的、良性的、教育的訊息，共同建構社區品味（community standard），從而提高社會的文化品質。

提升一般公民的媒介素養，不僅是媒體教育的首要目標，更是媒體教育的具體呈現。希望我們的媒體教育能培育具有高媒介素養的公民，如此，透過一般公民媒介素養的提升，進而創造社會的優質文化。

第九章之參考書目

一、中文部份：

1. 吳知賢（1992）。《電視與兒童》。台北：水牛圖書出版事業有限公司。

2. 吳知賢（1998）。《兒童與電視》。台北：桂冠圖書股份有限公司。

3. 吳翠珍（2000）。〈迎接媒體教育的來臨〉，《電視文化家書》，第 159 期，頁 1-3。

4. 吳翠珍（2002）。〈媒體教育不是什麼？〉，《人本雜誌》（10 月號）。2004 年 1 月 6 日，取自：

   http://www.mediaed.nccu.edu.tw/teach/article_5.htm

5. 吳翠珍、關尚仁（1999）。《媒體、公民、素養——媒體公民教育訓練》。台北：富邦文教基金會。

6. 〈青少年看電視上癮 比率高達八成〉，《媒體識讀教育月刊》（第 22 期）。2005 年 6 月 10 日，取自：

   http://www.tvcr.org.tw/life/media/media22.htm#1

7. 林亦君 （2000）。〈哈日？解日？從媒體識讀教育談起〉，《電視文化家書》，第 161 期，頁 1-2。

8. 洪碧霞、吳知賢（2001）。〈「媒體識讀教育在台灣」系列成果發表〉，《媒體識讀教育月刊》，第 10 期，頁 5。

9. 郭宏恬（2004）。〈兒童與電視〉，《媒體識讀教育月刊》（第 42 期）。2005 年 6 月 10 日，取自：

http://www.tvcr.org.tw/life/media/media42.htm#2

10. 張宏源 編（2001）。《媒體識讀——如何成為新世紀優質閱聽人》。台北：亞太圖書出版社。

11. 張志儉（2001）。〈傳媒教育在香港中學課程改革中的角色〉，《媒體識讀教育月刊》，第 14 期，頁 6。

12. 張錦華（2004 年 10 月 26 日）。〈加速推動媒體素養教育〉，《國語日報網站》。2005 年 5 月 1 日，取自：
http://www.mdnkids.com/speak/detail.asp?sn=1330

二、英文部份：

1. Alter, S.（1997）. Violence on television. Retrieved March 20, 1998 from
http://www.media-awareness.ca/eng/issues/violence/resource/report/parl.htm

2. Brown, J.A.（1991）. *Television "critical viewing skills" education: Major media literacy projects in the United States and selected countries*. Hillsdale, NJ: Lawrence Earlbaum Associates.

3. Dorr, A., Graves, S.B., & Phelps, E.（1980）. Television literacy for young children. Journal of Communication, 30, 71-83.

4. Gunter, B.（1994）. The question of media violence. In J. Bryant & D. Zillman（Eds.）, *Media effects: Advances in theory and research*（pp.163-211）. Hillsdale, NJ: Earlbaum Associates.

5. Head, S. & Sterling, C. （1998）. *Broadcasting in America: A survery of electronic media.* 8th Ed. Boston: Houghton Mifflin.

6. Huesmann, L.R., Eron, L.D., Klein, R, Brice, P., & Fischer, P. （1983）. Mitigating the imitation of aggressive behaviors by changing children's attitudes about media violence. Journal of Personality and Social Psychology, 44, 899-910.

7. Huston, A.C., Donnerstein E., & Fairchild H. （1992）. *Big world, small screen: The role of television in American society.* Lincoln, NE: University of Nebraska Press.

8. Megee, M. （1997a）. Students need media literacy: The new basic. Education Digest, 63 （1）, 31-35.

9. Megee, M. （1997b）. Media literacy: The new basic. Emergency Librarian, 25 （2）, 23-26.

10. Potter, W.J. （2001）. *Media Literacy.* California: Sage.

11. Pungente, J.S. （1989）. In B. Duncan （Ed.）, *Media literacy resource guide.* Toronto, On., Canada: Ontario Ministry of Education.

12. Roberts, D.F., Christenson, P., Gibson, W.A., Modser, L., & Goldberg, M.E. （1980）. Developing discriminating consumers, Journal of Communication, 30, 94-105.

13. Singer, D.G., Zuckerman, D.M., & Singer J.L. （1980）. Helping elementary-school children learn about TV. Journal of Communication, 30, 84-93.

14. Thoman, E. （1999）. Skills and strategies for media education. Education Leadership, 56 （5）, 50-54.

附錄一：國內推展媒體素養教育的相關單位

※ 媒體識讀推廣中心

媒體識讀推廣中心，於民國 81 年成立，其前身是「中華文化復興運動總會電視文化研究委員會」（簡稱為「電研會」）。工作重點包括：出版媒體素養刊物、媒體素養教育教材研發以及媒體素養教育種子教師之培訓。目前，媒體識讀推廣中心提供媒體識讀教育、媒體文化研究資訊檢索以及媒體文化研究叢書等，並出版媒體識讀教育月刊。

網址：www.tvcr.org.tw

專線：（02）2515-3255

※ 富邦文教基金會

富邦文教基金會，主要以青少年為服務對象，除了舉辦各種大型的研討會和活動外，也巡迴至各縣市舉辦兒童影展，同時，並與政大媒體素養研究室合作發行《媒體 see see 看》媒體素養雙月刊。富邦文教基金會與公部門的政府單位保持密切且良好的互動關係，扮演媒體教育政策促進者的角色；且在媒體教育的推廣過程中，富邦文教基金會成為政府與民間的樞紐。

網址：www.fubon.org

專線：（02）2704-8856

※ 財團法人公共電視文化事業基金會

　　公共電視台製播國內唯一的媒體教育常態節目——「別小看我」，以 10 至 14 歲的兒童為目標觀眾群，藉由電視無遠弗屆的影響力，將媒體素養的概念送入各個家庭中。除了以親身體驗的方式，討論兒童生活經驗中的媒體現象和議題外，更將各個單元設計為「做中學」的潛在課程。「別小看我」涉獵的主題非常廣泛，包括解讀媒體訊息、認識廣告說服技巧、認識新聞消息來源和守門人角色等，並且帶領觀眾探索各種媒體節目的幕後，深具教育性和娛樂性。此外，公共電視台也以「別小看我」為內容，設計媒體素養教學手冊，提供現成教材及教學指引，讓有心推廣媒體素養教育之教師可立即運用於教學現場。

網址：www.pts.org.tw

專線：（02）2633-8195

※ 政大媒體素養研究室

　　政大傳播學院於 1999 年成立「政大媒體素養研究室」，以推動媒體素養通識教育為主要目的，並結合傳播領域的教師和學生、不同領域的學系和機構，以及公民、教育者和媒

體專業人員，一起進行媒體教育的研究、推廣並發展媒體教育資源。政大媒體素養研究室舉辦媒體教育的學術研討會工作坊、公眾演講，與公共電視製播媒體素養教育的兒童節目「別小看我」，並與富邦文教基金會合作發行媒體素養教育雙月刊《媒體 see see 看》，而且，為了推廣媒體教育，也設置媒體教育資訊交流的網站。

網址：www.mediaed.nccu.edu.tw

專線：（02）2938-7764

※ 媒體觀察文教基金會

媒體觀察基金會於 1999 年由學界、新聞界以及關懷媒體環境和發展的人士共同組成，為一長期監看、評論媒體表現的團體。該基金會同時也推動媒體工作人員的在職訓練和媒體公民教育。此外，媒體觀察基金會擁有自己的媒體通路，以進行媒體觀察工作，如發行《媒體觀察電子報》、製播媒體觀察的廣播和電視節目，並定期發表媒體觀察的評估報告。在媒體素養教育的推動上，媒體觀察基金會最特殊之處在於，推動媒體公民教育，培訓校園和社區的媒體觀察員。

網址：www.mediawatch.org.tw

專線：（02）2703-4035

國家圖書館出版品預行編目

電視暴力研究 / 潘玲娟著. -- 一版. -- 臺北

市：秀威資訊科技, 2005 [民 94]

面 ； 公分. --（社會科學類；AF0022）

ISBN 986-7263-34-0（平裝）

1. 電視 – 節目 2. 暴力

557.776　　　　　　　　　94008119

社會科學類　AF0022

電視暴力研究

作　　者 / 潘玲娟
發 行 人 / 宋政坤
執行編輯 / 李坤城
圖文排版 / 劉逸倩
封面設計 / 羅季芬
數位轉譯 / 徐真玉　沈裕閔
圖書銷售 / 林怡君
法律顧問 / 毛國樑　律師
出版印製 / 秀威資訊科技股份有限公司
　　　　　台北市內湖區瑞光路 583 巷 25 號 1 樓
　　　　　電話：02-2657-9211　　　傳真：02-2657-9106
　　　　　E-mail：service@showwe.com.tw
經 銷 商 / 紅螞蟻圖書有限公司
　　　　　台北市內湖區舊宗路二段 121 巷 28、32 號 4 樓
　　　　　電話：02-2795-3656　　　傳真：02-2795-4100
　　　　　http://www.e-redant.com

2005 年　6 月 BOD 一版
2007 年 12 月 BOD 二版
定價：290 元

讀　者　回　函　卡

感謝您購買本書，為提升服務品質，煩請填寫以下問卷，收到您的寶貴意見後，我們會仔細收藏記錄並回贈紀念品，謝謝！

1.您購買的書名：_____

2.您從何得知本書的消息？

　　□網路書店　□部落格　□資料庫搜尋　□書訊　□電子報　□書店

　　□平面媒體　□ 朋友推薦　□網站推薦　□其他_____

3.您對本書的評價：(請填代號　1.非常滿意 2.滿意 3.尚可 4.再改進)

　　封面設計_____　版面編排_____　內容_____　文/譯筆_____　價格_____

4.讀完書後您覺得：

　　□很有收獲　□有收獲　□收獲不多　□沒收獲

5.您會推薦本書給朋友嗎？

　　□會　□不會，為什麼？_____

6.其他寶貴的意見：_____

_____

_____

_____

讀者基本資料

姓名：_____　年齡：_____　性別：□女 □男

聯絡電話：_____　E-mail：_____

地址：_____

學歷：□高中(含)以下　□高中　□專科學校　□大學

　　　□研究所(含)以上 □其他_____

職業：□製造業 □金融業 □資訊業 □軍警 □傳播業 □自由業

　　　□服務業 □公務員 □教職　□學生 □其他_____

To：114

台北市內湖區瑞光路 583 巷 25 號 1 樓

秀威資訊科技股份有限公司　　　收

寄件人姓名：

寄件人地址：□□□

(請沿線對摺寄回,謝謝!)

秀威與 BOD

BOD（Books On Demand）是數位出版的大趨勢，秀威資訊率先運用 POD 數位印刷設備來生產書籍，並提供作者全程數位出版服務，致使書籍產銷零庫存，知識傳承不絕版，目前已開闢以下書系：

一、BOD 學術著作—專業論述的閱讀延伸
二、BOD 個人著作—分享生命的心路歷程
三、BOD 旅遊著作—個人深度旅遊文學創作
四、BOD 大陸學者—大陸專業學者學術出版
五、POD 獨家經銷—數位產製的代發行書籍

BOD 秀威網路書店：www.showwe.com.tw
政府出版品網路書店：www.govbooks.com.tw

永不絕版的故事・自己寫・永不休止的音符・自己唱